Sybil Gräfin Schönfeldt
Weihnachtsgans und Lichterglanz

Sybil Gräfin Schönfeldt

# *Weihnachtsgans und Lichterglanz*

Literarische Weihnachtsdiners
mit Geschichten, Rezepten & Musik

Arche

Umschlagabbildung: Frans Francken II.,
*Der reiche Mann und der arme Lazarus. Um 1605*
Satz: Greiner & Reichel, Köln
Druck, Bindung: freiburger graphische betriebe, Freiburg
Printed in Germany
ISBN 3-7160-2264-0

# Inhalt

# *Alle Jahre wieder …*

Alle Jahre wieder das Weihnachtsessen, überall gleich und doch auf jedem Tisch ganz anders: gleich, weil die Mahlzeiten des Heiligen Abends und des Ersten Weihnachtstages mehr von Traditionen bestimmt sind als an allen anderen Tagen des Jahres, anders, weil sich gerade diese Traditionen so sehr aus alten Speiseregeln für Fasten- und Feiertage, den Schätzen der jeweiligen Landschaft und vor allem aus Familienvorlieben entwickelt haben, daß eine wahrhaft wunderbare Vielfalt an Weihnachtswonnen entstanden ist. Kein Wunder, daß die Literatur so reich mit Weihnachtsbeschreibungen versehen ist wie ein guter Christstollen mit Rosinen, manchmal in aller Fülle und Herrlichkeit, manchmal nur als Andeutung. Ein Wort genügt, man weiß ja, was es bedeutet.

Wissen wir das wirklich noch? Am Ende des 20. Jahrhunderts sind viele Traditionen nur noch gewohnheitsmäßige Gesten, sind das Lob Gottes und der Menschen Freude über die Christgeburt so etwas wie Ethno-Riten eines aussterbenden Stammes.

Aber alle Jahre wieder spüren wir die seltsame Kraft, die diesen Riten innewohnt. Wer eine Gans mit dem bitteren Kraut Wermut stopft, wer den Teig für die Lebkuchen rührt, den Zucker auf den Reisbrei streut oder den Tisch festlich für Freunde und für die Familie deckt, wiederholt etwas Uraltes und Beschwörendes, ruft den Segen auf unser irdisches Leben herab. Wer braucht ihn nicht, so oder so?

Die literarischen Texte, die ich ausgewählt habe, sind drei großen Gruppen zugeordnet, die mit den anschließend beschriebenen Rezepten wiederum dazu einladen, sich aus ihnen sein eigenes, persönliches literarisches Weihnachtsdiner zusammenzustellen. Das ist – wie fast alles bei Weihnachten –

etwas ganz Altes und etwas ganz Neues. Doch kein Fest ohne Weihnachtsmusik – deshalb ist dem Buch eine CD beigegeben mit allem, was nicht nur das Herz, sondern auch die Ohren erfüllt.

*Hamburg, Sommer 1999* *Sybil Gräfin Schönfeldt*

# Zum Weihnachtsdiner
# bei Geheimrat von Goethe

# *Johann Wolfgang von Goethe*
# »Ferner ist auf gutes Rindfleisch zu sehen …«

*Am Anfang unserer kleinen Geschichte literarischer Weihnachtsdiners steht Goethe. Der Grund? Sein Elternhaus im Frankfurter Hirschgraben verkörperte in seinen drei Hauptstockwerken getreulich die drei Stil- und Lebensepochen der zweiten Hälfte des 18. Jahrhunderts: Unten die Küche mit dem gemauerten Herd und das große Eßzimmer mit seiner Wachstuchtapete und den schweren geraden Stühlen stellten das gelassene Bürgerbarock dar. Der erste Stock zeigte die farbenfrohe Heiterkeit des Rokoko, der zweite Stock mit der Bibliothek und dem Gemäldezimmer des Vaters und der Stube der Frau Rat das Louis-seize, das schon schlichtere, ausklingende Rokoko. Ebenso zwischen Mittelalter und spätem 18. Jahrhundert standen auch die Jahres- und Kirchenfeste. Viele wurden noch in der Kirche, in der reichsstädtischen Öffentlichkeit begangen, Neujahr fröhlicher als Weihnachten und mit gegenseitigen Besuchen und Imbissen. Noch hatten die Patrizier ihre Festsäle in den Rathäusern, noch wurden die Ochsen für das Volk auf dem Marktplatz gebraten. Noch war Weihnachten kein Fest, das die Familie allein in der festlichen Stube feierte.*

☆ An einem Weihnachtsabende jedoch setzte sie (d. i. Goethes Großmutter) allen ihren Wohltaten die Krone auf, indem sie uns ein Puppenspiel vorstellen ließ und so in dem alten Hause eine neue Welt erschuf. Dieses unerwartete Schauspiel zog die jungen Gemüter mit Gewalt an sich; besonders auf den Knaben machte es einen sehr starken Eindruck, der in eine große, langdauernde Wirkung nachklang. ☆

*Einen Weihnachtsbaum gab es in Goethes Kindertagen in Frankfurt im Hirschgraben noch nicht. Was es an jenem Abend, an dem er zum erstenmal auf den »mystischen Vorhang« starrte, zu essen gegeben hat, muß man sich aus dem Haushaltsbuch des Vaters erschließen. Dieser bestellte in jedem Jahr im November oder Dezember ein paar Pfund Kerzen, um die langen Abende freundlich und die Festtage strahlend zu erhellen. Er kaufte einen Viertelzentner Kronberger Kastanien, die man statt der noch nicht üblichen Kartoffeln zum Fleisch aß und aus dieser Gegend wohl qualitativ so gut waren, daß sie sich der Geheimrat v. Goethe später auch immer im Herbst nach Weimar schicken ließ. Kurz vor Heiligabend kaufte Vater Goethe ein Festtagsbrot, was darauf hinweist, daß Goethes im Hirschgraben keinen eigenen Ofen zum Brotbacken besaßen. Die Säule der weihnachtlichen Einkäufe: zwei oder drei Schwartenmagen. Sie tauchen im Haushaltsbuch immer wieder auf, manchmal gesellen sich Sardellenwürste hinzu und Schweizer Käse. Den Weinvorrat ergänzte Goethes Vater durch mehrere »Lagen« Burgunder, kaufte außerdem braunen Kandis für den »mit bergamott Oel getrockneten Thee« und die Zutaten für die Weihnachtsbäckerei – einen Zuckerhut und drei Malter Mehl – und rechnete pauschal eine nicht unbeträchtliche Summe ab für »Extras in der Küche«. Dazu gehörten auch die Gewürze. Kosteten zum Beispiel 13 Pfund Reis einen Gulden und 13 Kreuzer oder 29 Pfund Butter, die zu Butterschmalz ausgelassen wurde, sechs Gulden, so verzeichnete er für ein Viertelpfund Gewürznelken zwei Gulden, für eine halbe Zimtrinde zwei Gulden und 45 Kreuzer, für ein Pfund, zerkleinert, 32 Kreuzer und für ein Pfund Pfeffer 30 Kreuzer.*

*Diese sorgfältige Haushaltsführung hat der Sohn vom Vater übernommen. So gibt es handschriftliche Anordnungen für die tägliche Tafel in Weimar bis in Johann Wolfgang von Goethes letztes Lebensjahr 1832. Sie beginnen mit allgemeinen »Anordnungen«:*

»Beym Spicken der Braten und der Beylagen, zwei Drittel weniger Speck.
Keine Fasanen werden mehr angeschafft, und die Hasen sämmtlich in der Niederlage ins Buch zu schreiben.
Ingleichen keine Kapaunen anzuschaffen, sondern zu überlegen wie man mit nachhaltigen Fleischerbraten auskommen könne. Ferner ist auf gutes

Rindfleisch zu sehen, welches zu dem Zugemüse, an der Herrschaftlichen Tafel mit irgendeiner guten Sauce als zweytes Essen zu liefern ist.
Alle Mittag 12 gute Kartoffeln.

Sonntag den 25. Decbr. 31.
1. Graupensuppe
2. Märkische Rübchen mit Coteletten
3. 2 Hasen, 1. zu Mittag, den anderen in Vorrath.

Montag den 26. ejd.
Suppe mit Eiergile
Blumenkohl mit Kalbsmilch
Rindsbraten u. Apfel-Combot …

Abends
Hasen, vom 25. Decbr. vorräthig.«

*Auch bei Goethe war das Weihnachtsgebäck Tradition, und der Geheimrat bestellte sich noch im letzten Lebensjahr von seiner Freundin Marianne von Willemer in Heidelberg* »etwas Offenbacher Pfeffernüsse; bis dahin werden die magenverderblichen Weihnachtsgaben wohl schon aufgespeist sein«.
*Frau von Willemer erwiderte:* »In einigen Tagen erhalten Sie ein Kistchen mit ganz frischen Pfeffernüssen und Brenten, für die ich um freundliche Aufnahme bitte, obschon sie eigentlich zu den Magenverderblichen Weihnachtsgaben gehören, und ich fast schließen möchte, daß Sie oder die Enkel ein wenig dagegen eingenommen sind; ich kann Sie aber versichern, daß sie in dieser einfachen schlichten Gestalt weniger schädlich sind, als in der Zeit, wenn sie etwas vorstellen sollen, da gewöhnlich die äußere Form mehr werth hat als die Masse; auch etwas Quittenbast habe ich beigepackt, er hält sich lange und ist ganz unschädlich. Möge dies alles Ihnen und Ihren Enkeln zu einiger Freude gereichen!« *Und in ihrem letzten Brief vom 15. Februar 1832 schrieb sie dem alten Freund:* »… wenn die Kastanien Beifall fin-

den, so sende ich nächstens, oder wünschen Sie vielleicht italienische Maronen?«

*Er bedankte sich postwendend für den* »Kasten mit wünschenswerthesten Speise Waaren, dem Hauswirth höchst willkommen, seinen Tisch- und Tafelgenüssen zu unerwartetem Genusse«.

***Graupensuppe***

125 g Perlgraupen
50 g Butter
1 Messerspitze gemahlener Zimt
Schale einer Zitrone
1 l kräftige fette Fleisch- oder Hühnerbrühe
etwa 1 l Wasser
100–125 g Rosinen
etwas Wein
Zucker und Salz
2 Eidotter

*Die Graupen werden mit wenig kochendem Wasser, einem Stückchen Butter, etwas Zimt und einem Kringel dünn abgeschnittener Zitronenschale aufs Feuer gesetzt und in der Fleischbrühe langsam weich gekocht, wobei man des öfteren mit kochendem Wasser nachgießt. Dann kommen die gewaschenen Rosinen dazu. Man läßt sie ebenfalls so lange mitkochen, bis sie recht weich werden, fügt beim Anrichten Wein, Zucker und ein wenig Salz hinzu und legiert die Suppe mit zwei Eidottern.*

***Rinderbraten***

2 kg Rindfleisch (Schulterstück)
Salz
frisch gemahlener Pfeffer
150 g geräucherter durchwachsener Speck
1 TL getrockneter Thymian
1 TL getrockneter Estragon
500 g Suppengemüse (Mohrrüben, Knollensellerie, Lauch oder Frühlingszwiebeln)
50 g Butter
1 Glas Rotwein
1 Tasse Fleischbrühe
¼ l Crème fraîche

*Das Fleisch klopfen, salzen und pfeffern. Den Speck in Spickstreifen schneiden, in den Kräutern wälzen, im Tiefkühler steif frieren lassen, das Fleisch parallel zur Faser damit spicken.*

*In einem Schmortopf, in den das Fleisch knapp hineinpaßt, die Butter heiß werden lassen und das Fleisch von allen Seiten anbraten. Zudecken. In den auf 220°C vorgeheizten Ofen, untere*

*Schiene, schieben und 30 Minuten braten. Hitze auf 180°C herunterschalten. Das Fleisch mit der warmen Fleischbrühe begießen. Offen weitere 30 Minuten braten und oft begießen. Dann das geputzte, gewürfelte Suppengemüse hinzugeben und 60 Minuten weiterbraten. In dieser Zeit gelegentlich das Fleisch wenden und mit dem Wein begießen. Das Fleisch aus dem Topf nehmen und warm stellen. Saft und Gemüse durch ein Sieb streichen, mit Crème fraîche verrühren, abschmecken, heiß werden lassen und in der Saucière zum aufgeschnittenen Rindfleisch servieren.*

***Frankfurter Brenten***

500 g Mandeln
1 EL Rosenwasser
500 g Zucker
1 Eiweiß
ca. 70 g Mehl

*»1 Pfund Mandeln mit 1 EL Rosenwasser in einem Mörser sehr fein gestossen, werden mit einem Pfund gestossenem Zucker auf schwachem Feuer unter festem Umrühren so lange geröstet, bis sie sich trocken anfühlen und sich leicht von der Casserolle loslösen. Diese Masse wird nun in ein anderes mit Zucker bestreutes Geschirr umgeleert, mit einem Tuche bedeckt, an einem trockenen, aber nicht warmen Ort bis zum anderen Tag ruhig hingestellt und alsdann auf dem Backtisch mit einem Eiweiß und vier Loth feinem Mehl glatt gearbeitet, zwei Messerrücken dick ausgerollt und in eigens hierzu bestimmten hölzernen Formen ausgedrückt. Die verschiedenen, dadurch entstandenen Figuren werden mit dem Backrädchen einzeln auseinander geschnitten, auf Bretter gelegt und über Nacht an einem trockenen Ort aufbewahrt. Den anderen Tag werden sie auf einem mit Wachs bestrichenen Blech im schwach geheizten Ofen langsam gebacken.« (Nach einem Rezept aus dem Jahre 1842)*

*Heute kann man den Mörser durch die Mandelmühle oder den Zerhacker ersetzen, und den Zuckerhut muß man auch nicht mehr zerstoßen. Wenn man das Mehl abwiegt, muß man nur wissen: Ein Loth sind 16 g. Schließlich fettet man ein Backblech nicht mehr mit Wachs, sondern legt es mit Backtrennpapier aus. Die fertigen marzipanartigen Brenten kann man mit Zuckerguß oder mit Couvertüre überziehen und beliebig verzieren.*

***Quittenbast***
***oder Quittenpaste***

1 kg Quitten
500–750 g Zucker
1 l Wasser
1 Zitrone
1 Vanillestange

*Das Wasser mit dem Saft der Zitrone und einem Kringel ihrer Schale aufkochen lassen. Quitten abreiben, ohne Stiel und Blüte kleinschneiden und mit der aufgeschlitzten Vanillestange ins Zitronenwasser geben. In 30–40 Minuten weich kochen. Die Quitten aus der Brühe schöpfen und durchpassieren. Etwa eine Tasse Quittenbrühe zum Quittenmark geben, wiegen, auf je 500 g Mark 400–500 g Zucker schütten. Unter ständigem Rühren kochen, bis die Paste dick wird. Ein Backblech kalt abspülen, die Paste fingerdick darauf streichen und abkühlen lassen. Mit einem Tuch bedecken und 2–3 Tage trocknen lassen. Dann in beliebige Rechtecke oder Rhomben schneiden und in grobem Zucker wälzen.*

# ORATORIUM,

Welches

# Die heilige Weyhnacht

über

In beyden

# Haupt-Kirchen

zu Leipzig

musiciret wurde.

ANNO 1734.

# Am 1sten Heil. Weyhnacht-Feyertage,

## Frühe zu St. Nicolai und Nachmittage zu St. Thomæ.

Tutti.

Jauchzet! frohlocket! auf! preiset die Tage,
Rühmet, was heute der Höchste gethan,
Lasset das Zagen, verbannet die Klage,
Stimmet voll Jauchzen und Frölichkeit an:
Dienet dem Höchsten mit herrlichen Chören
Laßt uns den Nahmen des Höchsten verehren.

Da Capo.

# Krebssuppe, Karpfen & Braune Kuchen
Weihnachtsdiners
von Thomas Mann bis Walter Kempowski

## *Thomas Mann*
# »Hanno genoß die weihnachtlichen Düfte«

*Die Erzählung vom Weihnachtsfest der Buddenbrooks, wie es Thomas Mann beschreibt, ist sicher die melancholischste der Weltliteratur. Man ahnt, was kommt, auch wenn man noch nicht gelesen hat, wie die Familie zerfällt, wie sich am Ende und nach allen Beerdigungen einige Damen in Schwarz die Damasttischtücher, das schöne Porzellan und das Tischsilber teilen, das Hanno bei diesem Weihnachtsfest noch vor Augen und in Händen hat. Cremes und Gelees in Kristall, Marzipan und englischer Cake, Baisers in drei Farben – zuviel, zuviel Tradition, zuviel Unverdauliches für den zaghaften Erben. Und doch: Welch ein vollkommenes Bild des großbürgerlichen Weihnachtsfestes, ein Ideal und zugleich Zwangsvorstellung bis in unsere Tage.*

Alle hatten heute früher als sonst zu Mittag gegessen und sich daher mit Tee und Bisquits ausgiebig bedient. Aber man war kaum damit fertig, als große Krystallschüsseln mit einem gelben, körnigen Brei zum Imbiß herumgereicht wurden. Es war Mandel-Crème, ein Gemisch aus Eiern, geriebenen Mandeln und Rosenwasser, das ganz wundervoll schmeckte, das aber, nahm man ein Löffelchen zu viel, die furchtbarsten Magenbeschwerden verursachte. Dennoch, und obgleich die Konsulin bat, für das Abendbrot »ein kleines Loch offen zu lassen«, tat man sich keinen Zwang an. Was Klothilde betraf, so vollführte sie Wunderdinge. Still und dankbar löffelte sie die Mandel-Crème, als wäre es Buchweizengrütze. Zur Erfrischung gab es auch Weingelée in Gläsern, wozu englischer Plumcake gegessen wurde. Nach und nach zog man sich ins Landschaftszimmer hinüber und gruppierte sich mit den Tellern um den Tisch.

Hanno blieb allein im Saale zurück, denn die kleine Elisabeth Weinschenk war nach Hause gebracht worden, während er dieses Jahr zum ersten Male zum Abendessen in der Mengstraße bleiben durfte, die Dienstmädchen und die Hausarmen hatten sich mit ihren Geschenken zurückgezogen, und Ida Jungmann plauderte in der Säulenhalle mit Riekchen Severin, obgleich sie, als Erzieherin, der Jungfer gegenüber gewöhnlich eine strenge gesellschaftliche Distanz innehielt. Die Lichter des großen Baumes waren herabgebrannt und ausgelöscht, so daß die Krippe nun im Dunkel lag; aber einzelne Kerzen an den kleinen Bäumen auf der Tafel brannten noch, und hie und da geriet ein Zweig in den Bereich eines Flämmchens, sengte knisternd an und verstärkte den Duft, der im Saale herrschte. Jeder Lufthauch, der die Bäume berührte, ließ die Stücke Flittergoldes, die daran befestigt waren, mit einem zart metallischen Geräusch erschauern. Es war nun wieder still genug, die leisen Drehorgelklänge zu vernehmen, die von einer fernen Straße durch den kalten Abend herkamen.

Hanno genoß die weihnachtlichen Düfte und Laute mit Hingebung. Er las, den Kopf in die Hand gestützt, in seinem Mythologiebuch, aß mechanisch und weil es zur Sache gehörte, Konfekt, Marzipan, Mandel-Crème und Plumcake, und die ängstliche Beklommenheit, die ein überfüllter Magen verursacht, vermischte sich mit der süßen Erregung des Abends zu einer wehmütigen Glückseligkeit. Er las von den Kämpfen, die Zeus zu bestehen hatte, um zur Herrschaft zu gelangen, und horchte dann und wann einen Augenblick ins Wohnzimmer hinüber, wo man Tante Klothildens Zukunft eingehend besprach. (...)
Um neun Uhr ging man zu Tische. Wie alljährlich an diesem Abend war in der Säulenhalle gedeckt worden. Die Konsulin sprach mit herzlichem Ausdruck das hergebrachte Tischgebet:

»Komm, Herr Jesu, sei unser Gast
Und segne, was du uns bescheret hast«,

woran sie, wie an diesem Abend ebenfalls üblich, eine kleine, mahnende Ansprache schloß, die hauptsächlich aufforderte, Aller derer zu gedenken, die es an diesem heiligen Abend nicht so gut hätten, wie die Familie Buddenbrook … Und als dies erledigt war, setzte man sich mit gutem Gewissen zu einer nachhaltigen Mahlzeit nieder, die alsbald mit Karpfen in aufgelöster Butter und mit altem Rheinwein ihren Anfang nahm.

Der Senator schob ein paar Schuppen des Fisches in sein Portemonnaie, damit während des ganzen Jahres das Geld nicht darin ausgehe. (…)

Der Puter, gefüllt mit einem Brei von Maronen, Rosinen und Äpfeln, fand das allgemeine Lob. Vergleiche mit denen früherer Jahre wurden angestellt, und es ergab sich, daß dieser seit langer Zeit der größte war. Es gab gebratene Kartoffeln, zweierlei Gemüse und zweierlei Kompott dazu, und die kreisenden Schüsseln enthielten Portionen, als ob es sich bei jeder einzelnen von ihnen nicht um eine Beigabe und Zutat, sondern um das Hauptgericht handelte, an dem Alle sich sättigen sollten. Es wurde alter Rotwein von der Firma Möllendorpf getrunken.

Der kleine Johann saß zwischen seinen Eltern und verstaute mit Mühe ein weißes Stück Brustfleisch nebst Farce in seinem Magen. Er konnte nicht mehr soviel essen wie Tante Thilda, sondern fühlte sich müde und nicht sehr wohl; er war nur stolz darauf, daß er mit den Erwachsenen tafeln durfte, daß auch auf *seiner* kunstvoll gefalteten Serviette eins von diesen köstlichen, mit Mohn bestreuten Milchbrötchen gelegen hatte, daß auch vor *ihm* drei Weingläser standen, während er sonst aus dem kleinen, goldenen Becher, dem Patengeschenk Onkel Krögers, zu trinken pflegte … Aber als dann, während Onkel Justus einen ölgelben, griechischen Wein in die kleinsten Gläser zu schenken begann, die Eisbaisers erschienen – rote, weiße und braune – wurde auch sein Appetit wieder rege. Er verzehrte, obgleich es ihm fast unerträglich weh an den Zähnen tat, ein rotes, dann die Hälfte eines weißen, mußte schließlich doch auch von den braunen, mit Chokolade-Eis gefüllten, ein Stück probieren, knusperte Waffeln dazu, nippte an dem süßen Wein und hörte auf Onkel Christian, der ins Reden gekommen war. (…)

Bevor man zu Butter und Käse überging, ergriff die Konsulin noch einmal das Wort zu einer kleinen Ansprache an die Ihrigen. Wenn auch nicht Alles, sagte sie, im Laufe der Jahre sich so gestaltet habe, wie man es kurzsichtig und unweise erwünscht habe, so bleibe doch immer noch übergenug des sichtbarlichen Segens übrig, um die Herzen mit Dank zu erfüllen. (…) Und nun wolle man, mit hoffendem Herzen, einträchtig anstoßen auf das Wohl der Familie, auf ihre Zukunft, jene Zukunft, die dasein werde, wenn die Alten und Älteren unter den Anwesenden längst in kühler Erde ruhen würden … auf die Kinder, denen das heutige Fest ja recht eigentlich gehöre …

Und da Direktor Weinschenks Töchterchen nicht mehr anwesend war, mußte der kleine Johann, während die Großen auch unter einander sich zutranken, allein einen Umzug um die Tafel halten, um mit allen, von der Großmutter bis zu Mamsell Severin hinab, anzustoßen. Als er zu seinem Vater kam, hob der Senator, indem er sein Glas dem des Kindes näherte, sanft Hannos Kinn empor, um ihm in die Augen zu sehen … Er fand nicht seinen Blick; denn Hannos lange, goldbraune Wimpern hatten sich tief, tief, bis auf die zart bläuliche Umschattung seiner Augen gesenkt.

Therese Weichbrodt aber ergriff seinen Kopf mit beiden Händen, küßte ihn mit leise knallendem Geräusch auf jede Wange und sagte mit einer Betonung, so herzlich, daß Gott ihr nicht widerstehen konnte: »Sei glöcklich, du gutes Kendl!«

– Eine Stunde später lag Hanno in seinem Bett, das jetzt in dem Vorzimmer stand, welches man vom Korridor der zweiten Etage aus betrat, und an das zur Linken das Ankleidekabinett des Senators stieß. Er lag auf dem Rücken, aus Rücksicht auf seinen Magen, der sich mit all dem, was er im Laufe des Abends hatte in Empfang nehmen müssen, noch keineswegs ausgesöhnt hatte, und sah mit erregten Augen der guten Ida entgegen, die, schon in der Nachtjacke, aus ihrem Zimmer kam und mit einem Wasserglase vor sich in der Luft umrührende Kreisbewegungen beschrieb. Er trank das kohlensaure Natron rasch aus, schnitt eine Grimasse und ließ sich wieder zurückfallen.

»Ich glaube, nun muß ich mich erst recht übergeben, Ida.«
»Ach wo, Hannochen. Nur still auf dem Rücken liegen …« (…)
Und sie küßte ihn, löschte das Licht und ging.
Er war allein, und während er still liegend sich der segenvollen Wirkung des Natrons überließ, entzündete sich vor seinen geschlossenen Augen der Glanz des Bescherungssaales aufs Neue. Er sah sein Theater, sein Harmonium, sein Mythologie-Buch und hörte irgendwo in der Ferne das »Jauchze laut, Jerusalem« der Chorknaben. Alles flimmerte. Ein mattes Fieber summte in seinem Kopfe, und sein Herz, das von dem revoltierenden Magen ein wenig beengt und beängstigt wurde, schlug langsam, stark und unregelmäßig. In einem Zustand von Unwohlsein, Erregtheit, Beklommenheit, Müdigkeit und Glück lag er lange und konnte nicht schlafen.

***Mandelcreme***
200 g Mandeln
100 g Zucker
½–1 l Sahne
5 Eier
1 Beutel gemahlene oder 6 Blatt weiße Gelatine

*Die Mandeln pellen und reiben, mit 100 g Zucker 10 Minuten in ½ l Sahne kochen lassen. Unterdessen die 5 Eier in Eigelb und Eiweiß trennen, die Eigelbe mit etwas kalter Sahne schaumig rühren, dazu quirlen und im Wasserbad cremig rühren. Die Gelatine nach Vorschrift auflösen und in die Mandelsahne gießen. Gut verquirlen und abkühlen lassen, bis die Speise geliert. Dann entweder Sahne oder Eiweiß steif schlagen und gleichmäßig unter die gelierte Creme heben.*

***Weingelee***
1 Flasche Rheinwein
2 Zitronen
1 Stange Zimt
1 Prise Kardamom
Zucker nach Geschmack
12 Blatt weiße Gelatine

*Die Gelatine nach Vorschrift einweichen. Eine Tasse Wasser mit dem Zukker und den Gewürzen aufkochen und etwas ziehen lassen. Durch ein Sieb gießen. Die eingeweichte Gelatine gut ausdrücken und in dem heißen Zuckerwürzwasser verrühren. Die Mischung mit dem Wein und dem Saft der Zitronen verquirlen, in eine Kristall- oder schöne Glasschüssel gießen und über Nacht im Kühlen erstarren lassen. Wenn man das Weingelee stürzen will, benutzt man eine Schüssel mit Relief, damit das Gelee dekorativ aussieht, legt den Servierteller auf diese Schüssel und kippt das Ganze beherzt um. Vorsichtige lockern vorher den Rand des Gelees mit einem spitzen Küchenmesser von der Form. Das Gelee will sich trotzdem nicht von seiner Schüssel trennen? Dann wird diese für einen Augenblick in eine größere Schüssel mit heißem Wasser gestellt. Das läßt das Äußere des Gelees schmelzen, und es gleitet nun brav aus der Form auf den Teller – ganz bestimmt nach dem zweiten oder dritten Versuch!*

***Englischer Plumcake***

je 350 g Zucker und Butter
4 Eier
250 g Mehl
½ TL Salz
je ½ TL gemahlener Zimt, Muskat und Nelken
mit Würfelzucker abgeriebene Schale von 4 Orangen
500 kernlose Rosinen
125 g Zitronat
125 g kandierte Pomeranzenschale (Pomeranze: Bitter- oder Sevilla-Orange)
125 gemahlene Mandeln
1 Weinglas Cognac

*Mehl, Zucker, Butter und Eier mit dem Handrührgerät oder Schneebesen in einer großen Rührschüssel in etwa 2–3 Minuten weiß cremig rühren. Die Würzzutaten samt Cognac und gemahlenen Mandeln hinzufügen, einmal verrühren und dann mit der Hand die gewaschenen und gequollenen Rosinen, Zitronat und fein gewiegte Pomeranzenschale unter den Teig heben. Eine große Kastenform mit Backtrennpapier ausfüttern, den Teig hineinfüllen, in den auf Mittelhitze vorgeheizten Ofen schieben und gut zwei Stunden bakken. Unbedingt die Hölzchenprobe machen.*

***Karpfen blau***

Ein frisch geschlachteter Karpfen von 2 kg
Weinessig oder Weißwein
Salz
2 Zwiebeln
2 Lorbeerblätter
1–2 Nelken

*Den Fisch im Fischgeschäft ausnehmen und in der Längsrichtung halbieren lassen. Vor der Zubereitung gut abwaschen und in Weinessig von allen Seiten gut säubern, damit er blau wird.*
*Die beiden Hälften im rechten Winkel zum Rückgrat halbieren. Reichlich Wasser mit viel Salz, den Zwiebeln, Lorbeerblättern und Nelken zum Kochen bringen. Die Hitze reduzieren, die Karpfenteile ins siedende Wasser geben und auf schwacher Hitze in etwa 20 Minuten gar ziehen lassen. Nach Belieben kann man das Kochwasser noch zusätzlich mit etwas Essig oder Weißwein säuern.*
*Die Portionsstücke abtropfen lassen und mit Salzkartoffeln, zerlassener Butter und Meerrettichsauce servieren.*

***Gefüllte Pute***

Pute von 3–4 kg
100 g Öl oder Bratfett
Kräutersalz
Für die Fülle:
50 g Öl oder Margarine
2 fein gewiegte Zwiebeln
1 altbackenes Brötchen, gerieben
750 g gepellte, gekochte und durch den Wolf gedrehte Maronen
750 g geschälte und entkernte Äpfel, grob gehackt
200 g kernlose Rosinen oder Korinthen
Currypulver
getrocknete Kräuter
Salz, Pfeffer
1 Glas Sherry oder Zitronensaft

*Den Vogel vorbereiten: Falls der Kropf nicht gefüllt wird, die Halsöffnung schließen, indem man die Haut auf den Rücken zieht und dort mit einem Holzstift befestigt oder mit Zwirn festnäht. Die Flügel nach oben biegen und auf dem Rücken verschränkt mit Holzstäbchen oder Dressierklammern befestigen. Die Keulenenden zusammenbinden oder durch einen Schlitz in der Schwanzhaut ziehen, so daß sie fest am Körper liegen. Die gesäuberte Körperhöhle des Vogels gut trocken tupfen und leicht salzen.*
*Die Fülle vorbereiten: Die fein gewiegten Zwiebeln mit den Semmelbröseln in heißem Fett anrösten, mit dem Maronenpüree, dem Apfelhack und den gewaschenen und gequollenen Rosinen vermengen, nach Belieben mit Currypulver oder getrockneten Kräutern würzen, mit Sherry oder Zitronensaft befeuchten und in die Pute füllen.*
*Der gefüllte Vogel wird nun mit Öl oder flüssigem Fett bepinselt, mit der Brust*

*nach oben in den Bräter gelegt und in den auf 170°C vorgeheizten Ofen, unterste Schiene, geschoben. Während des Bratens gelegentlich mit seinem Bratfett begießen und die Brust mit Aluminiumfolie bedecken, falls sie zu dunkel zu werden droht.*

*Die Bratzeit: Eine ungefüllte Pute von 3 bis 4 kg braucht 2½ bis 3½ Stunden, eine Pute von 4 bis 6 kg braucht 3½ bis 4 Stunden bei einer Ofentemperatur von 165°C bis 170°C. Der Füllung wegen sollte das Tier eine gute halbe Stunde länger im Ofen bleiben.*

*Der Bratfond läßt sich mit Rotwein oder Sahne zu einer Sauce kochen.*

### *Baisers oder Meringuens*

200 g Puderzucker
3 Eiweiß
1 Prise Salz
1 Zitrone
Kakaopulver
rote Speisefarbe

*Das Eiweiß zuerst langsam, dann mit Höchstgeschwindigkeit steif schlagen, dabei den Puderzucker nach und nach hinzugeben und die Prise Salz oder ein paar Tropfen Zitronensaft, um den Eischnee zu festigen.*

*Ein Backblech mit Backtrennpapier auslegen, mit zwei feuchten Teelöffeln kleine Baisers abstechen und auf das Papier setzen. Ein Drittel der Menge bleibt weiß, ein Drittel wird mit Speisefarbe rosarot gefärbt, das letzte Drittel mit Kakaopulver so braun, wie man es schätzt.*

*Die Baisers einen halben Tag vortrocknen lassen, dann in den auf 80°C vorgeheizten Backofen schieben, mittlere Schiene, und in einer guten Stunde mehr trocknen als backen lassen.*

*Eine Probe machen: Hebt man ein Baiser vom Backtrennpapier und drückt mit dem Daumen auf die Unterseite, so darf das Baiser nicht nachgeben.*

### *Mandelwaffeln*

125 g Butter
100 g Zucker
1 Beutel Vanillezucker
2 Eier
80 g geschälte fein geriebene Mandeln
175 g Mehl
1 gestrichener TL Backpulver
2 EL lauwarmes Wasser
1 EL Rum

*Die flüssige Butter mit Zucker, Eidottern, Mehl und den restlichen Zutaten verrühren, zum Schluß den Schnee der*

*zwei Eier unter den Waffelteig ziehen. Das vorgeheizte Waffeleisen gut auspinseln und den Waffelteig mit einem kleinen Schöpfer einfüllen, aber nicht zuviel, da er sonst aus dem Waffeleisen herausquillt.*
*Das Backen dauert je nach Teigart und Waffeleisentyp 2 bis 3 Minuten. Möglichst das Eisen nicht vorher öffnen, sonst zerreißt die Waffel. Fertiggebackene Waffeln läßt man auf einem Kuchenrost auskühlen. Sie sollten frisch gegessen werden. Die Waffeln bleiben längere Zeit in einer gut verschlossenen Blechdose frisch, müssen aber vorm Verpacken gut abgekühlt sein.*

Es ist ein Ros entsprungen
aus einer Wurzel zart,
wie uns die Alten sungen;
von Jesse kam die Art
und hat ein Blümlein bracht
mitten im kalten Winter
wohl zu der halben Nacht.

Das Röslein, das ich meine,
davon Jesaja sagt,
ist Maria die reine,
die uns das Blümlein bracht.
Aus Gottes ewgem Rat
hat sie ein Kind geboren
wohl zu der halben Nacht.

Das Blümelein so kleine,
das duftet uns so süß,
mit seinem hellen Scheine
vertreibts die Finsternis.
Wahr Mensch und wahrer Gott,
hilft uns aus allem Leide,
rettet von Sünd und Tod.

Die Hirten zu der Stunden
machten sich auf die Fahrt;
das Kindlein sie bald funden
mit seiner Mutter zart.
Die Engel sangen schon,
sie lobten Gott den Herren
in seinem höchsten Thron.

So singen wir all Amen,
das heißt: nun werd es wahr,
was wir begehrn allsammen,
o Jesu, hilf uns dar
in deines Vaters Reich,
drin wollen wir dich loben.
O Gott, uns das verleih!

In dulci jubilo,
nun singet und seid froh!
Unsers Herzens Wonne
leit in praesaepio
und leuchtet als die Sonne
matris in gremio.
Alpha es et O.

O Jesu parvule,
nach dir ist mir so weh;
tröst mir mein Gemüte,
o puer optime,
durch alle deine Güte,
o princeps gloriae.
Trahe me post te.

Ubi sunt gaudia?
Nirgend mehr denn da,
da die Engel singen
nova cantica
und die Schellen klingen
in regis curia.
Eia, wärn wir da!

## *Golo Mann*
## »Gänse konnte man beliebig kaufen …«

*Golo Mann, drittes Kind und mittlerer Sohn von Thomas und Katja Mann, wurde 1909 geboren. Seine Erinnerungen an die ersten Weihnachtsfeste reichen also in die Jahre des Ersten Weltkriegs zurück, als sein Vater an den Bruder Heinrich schrieb: »Ich habe dieses Leben nicht gemacht. Ich verabscheue es. Man muß es zu Ende leben, so gut es geht.« Kühle Weihnachten, so unaufwendig wie das nüchterne Essen in Kriegszeiten, das Golo beschreibt.*

Wir Kinder nahmen unser Frühstück und Abendessen auf der oberen Diele, letzteres am Samstag in Schlafröcken, weil ihm das wöchentliche Abendbad vorausging. Da gab es dann »Schaumtore« oder Dr. Oetkers »Mandelpudding mit Rosinen«, zwei Phänomene der späteren Kriegszeit, höchst kalorienarm, aber erfreuliche Illusionen. Mittags aßen wir mit den Eltern, TM an der Spitze der Tafel, Kriegsbier aus einem großen silbernen Henkelbecher trinkend, was er vor dem Krieg nicht getan hatte; dieser Humpen ist noch in meinem Besitz. Jeder Geburtstag wurde begangen, das Geburtstagskind beschenkt. Und Weihnachten war noch immer ein Fest, nicht ganz so herrlich wie in *Buddenbrooks*, aber doch mit einem Schein davon; das Singen der Weihnachtslieder im stockdunklen Arbeitszimmer, das Heraustreten in den Lichterglanz des Baumes, das wie geblendete Suchen nach dem eigenen Geschenktisch, die Anwesenheit der Großeltern Pringsheim, die ihrerseits Geschenke brachten, das Antreten der »Mädchen«, die ihren Teller mit Lebkuchen und Nüssen zusamt einem Geldschein in Empfang nahmen, die mit Äpfeln gefüllte Gans zum Abendessen. Selber hatte ich mir das »Schwarze«, das gestockte Blut und den Hals ausbedungen, ein Recht, das eingehalten wurde, wie alle Rechte, die wir zwischen uns verabredeten. Gänse konnte man beliebig kaufen, ihre »Markenfreiheit« war ein beliebtes Thema der Zeitung, nur kosteten sie eben sehr viel; bei uns gab es sie nur einmal im Jahr. Am ersten Feiertag dann das Mittagessen in der Arcisstraße, vergleichsweise noch immer großartig.

***Die Weihnachtsgans***

1 Gans von 4–5 kg
Fleischbrühe
Salz
Beifuß

*Die vom Geflügelhändler vorbereitete und innen gesalzene und mit Beifuß oder mit einer Fülle versehene Gans wird in einer Bratform in einem halben Liter kochendes Wasser auf den Rücken gelegt. Der Dampf, der sich beim Braten entwickelt, läßt das Fett herausschwitzen. Die Gans wird bei milder Hitze von 175°C angebraten.*
*Nach einer Stunde wird sie gewendet und mit einer Spicknadel seitlich und unterhalb der Keulen eingestochen, damit das Fett weiter herauslaufen kann. Die Hitze auf 200°C hochstellen, so daß das Wasser fast verkocht und die Kruste bräunt. Dann etwas heiße Fleischbrühe nachgießen und die Gans regelmäßig mit Fleischbrühe begießen. Nach der halben Garzeit schöpft man einen Teil des Gänsefetts ab. Kurz bevor man die Gans herausnimmt, gießt man zwei Eßlöffel kaltes Salzwasser auf den Braten, damit die Haut schön knusprig wird. Der Fond wird entfettet und zu einer beliebigen Sauce gekocht. Eine Gans von diesem Gewicht braucht etwa drei Stunden Bratzeit.*

***Gefüllte Weihnachtsgans***

*Die Gans kann verschieden gefüllt werden und wird wie oben gebraten, braucht jedoch eine etwa 30 Minuten längere Garzeit.*
*Salbei- und Zwiebelfülle: Gepellte Zwiebeln werden geviertelt und mit feingeschnittenem Salbei, frisch geschrotetem Pfeffer und Salz gemischt.*
*Beifuß-Fülle: Ganze Äpfel mit Schale, nur das Kernhaus ausgestochen, werden mit feingeschnittenem Beifuß gemischt. Beifuß- und Salbei sind Gewürze, die fettes Fleisch bekömmlicher machen.*
*Apfel-Kastanienfülle: Grob gewürfelte Äpfel, ganze gekochte Kastanien und Rosinen werden im Verhältnis 2:2:1 gemischt.*

*Leber-Fülle: Die angedünstete, kleingeschnittene Gänseleber wird gemischt mit etwa 1 Tasse Semmelbröseln, reichlich gehackter Petersilie, 250 g Beefsteakhack, Pfeffer, Fleischwürze, Thymian, Majoran und entweder einem halben grob gewürfelten Apfel oder 2 Scheiben gekochter grob gewürfelter Sellerie.*

***Mandelpudding mit Rosinen***

½ l Milch
2 EL Zucker
1 Prise Salz
1 Beutel Vanillepuddingpulver
50 g gemahlene Mandeln
50 g Rosinen
1 Gläschen Rum

*Die Milch mit dem Zucker und der Prise Salz aufkochen lassen, das nach Vorschrift mit Milch verrührte Puddingpulver hineingießen und unter ständigem Rühren aufkochen lassen. Die gemahlenen Mandeln dazuschütten und alles gut verrühren. Schließlich die gewaschenen und in Rum geweichten Rosinen mit dem Mandelpudding verrühren. In eine mit kaltem Wasser ausgespülte Glasschüssel gießen und kalt werden lassen. Man kann den Pudding stürzen oder in der Glasschüssel servieren.*

*Wenn der Mandelpudding üppiger und festlicher werden soll: Den nur mit den Mandeln verrührten Pudding in der Kasserolle in kaltes Wasser stellen und mit dem Schneebesen gelegentlich schlagen, bis er kalt ist. Dann ¼ l Sahne mit 2 EL Vanillezucker steif schlagen, und Schlagsahne und Rum-Rosinen mit dem Spachtel gleichmäßig unter den erkalteten Pudding heben.*

# Christbaum

Wie schön geschmückt der festliche Raum!
Die Lichter funkeln am Weihnachtsbaum!
O fröhliche Zeit, o seliger Traum!

Die Mutter sitzt in der Kinder Kreis;
nun schweiget alles auf ihr Geheiß:
sie singet des Christkinds Lob und Preis.

Und rings, vom Weihnachtsbaum erhellt,
ist schön in Bildern aufgestellt
des heiligen Buches Palmenwelt.

Die Kinder schauen der Bilder Pracht
und haben wohl des Singens acht,
das tönt so süß in der Weihenacht.

O glücklicher Kreis im festlichen Raum!
O gold'ne Lichter am Weihnachtsbaum!
O fröhliche Zeit! O seliger Traum!

# *Theodor Storm*
# »... und vor mir steht der brennende Baum«

*Die bekannte Weihnachtserzählung von Theodor Storm, »Unter dem Tannenbaum«, stammt aus der Zeit nach 1850, als die Dänenherrschaft in den alten Herzogtümern Schleswig-Holstein einsetzte. Beamte, die – wie Storm – aus patriotischen Gründen nicht in dänische Dienste traten, wurden des Landes verwiesen und mußten die Heimat verlassen. In den benachbarten Königreichen hatten sich aber die Beamten im Hinblick auf die Vertriebenen an ihre Regierungen mit der Bitte gewandt, »keine Ausländer mehr anzustellen!«. Erst nach einem Jahr wurde Storm auf seinen Antrag hin vom preußischen Justizminister gefragt, ob er bei einem Kreisgericht »eine Zeitlang ohne Gehalt arbeiten wolle«. Die Novelle spiegelt die Lage einer solchen Familie wie die der Storms in der Fremde, also irgendwo in Mitteldeutschland wider und zeigt, wie sehr Tannenbaum, braune Kuchen, goldene Eier samt anderem Baumschmuck aus Marzipan und Zucker zu vaterländischen Symbolen werden können und das Weihnachtsfest ebenso gefühlvoll zelebriert wird wie die Liebe zur Freiheit selbst.*

Fort mach ich hinten zur Hoftür hinaus, über zwei kleine finstere Höfe, dann in ein uraltes seltsames Nebengebäude, in welchem sich das Allerheiligste des Onkels befindet. Ohne Unfall komme ich durch den engen dunklen Gang und klopfe an eine Tür. – »Herein!« Da sitzt der kleine Herr in dem feinen braunen Tuchrock an seinem mächtigen Arbeitspult; der Schein der Kontorlampe fällt auf seine freundlichen kleinen Augen und auf die mächtige Familiennase, die über den frischgestärkten Vatermördern hinausragt. – »Onkel, ob du nicht kommen wolltest?« sage ich, nachdem ich Atem geschöpft habe. – »Wollen wir uns noch einen Augenblick setzen!« erwidert er, indem seine Feder summierend über das Folium des aufgeschlagenen Hauptbuchs hinabgleitet. – Mir wird ganz behaglich zu Sinne, ich werde nicht ein bißchen ungeduldig; aber ich setze mich auch nicht; ich bleibe stehen und besehe mir die England- und Westindienfahrer des Onkels, deren Bilder an der Wand hängen. Es dauert auch nicht lange, so wird das Hauptbuch herzhaft zugeklappt, das Schlüsselbund rasselt, und: »Sieh so«, sagt der Onkel, »fertig wären wir!« Während er sein spanisches Rohr aus der Ecke langt, will ich schon wieder aus der Tür; aber er hält mich zurück. »Ah, wart doch mal ein wenig! Wir hätten hier wohl noch so etwas mitzunehmen.« Und aus einer dunkeln Ecke des Zimmers holt er zwei wohlversiegelte, geheimnisvolle Päckchen. – Ich wußte es wohl, in solchen Päckchen steckte ein Stück leibhaftigen Weihnachtens; denn der Onkel hatte einen Bruder in Hamburg, und er trat nicht mit leeren Händen an den Tannenbaum. So nie gesehenes, märchenhaftes Zuckerzeug, wie er mitten in der Bescherung noch mir und meiner Schwester auf unsere Weihnachtsteller zu legen pflegte, ist mir später niemals wieder vorgekommen.

Bald darauf steige ich an der Hand des Onkels die breite Steintreppe zu unserm Hause hinauf. Ein paar Augenblicke verschwindet er mit seinen Päckchen in der Weihnachtsstube; es ist noch nicht angezündet, aber durch die halbgeöffnete und rasch wieder geschlossene Tür glitzert es mir entgegen aus der noch drinnen herrschenden ahnungsvollen Dämmerung. Ich schließe die Augen, denn ich will nichts sehen, und trete in das gegenüberliegende, festlich erleuchtete Zimmer, das ganz von dem Duft der braunen Kuchen und des heute besonders fein gemischten Tees erfüllt ist. Die Hände auf dem Rücken mit langsamen Schritten geht mein Vater auf und nieder. »Nun, seid ihr da?« fragt er stehenbleibend. – Und schon ist auch Onkel Erich bei uns; mir scheint, die Stube wird noch einmal so hell, da er eintritt. Er grüßt die Großmutter, den Vater; er nimmt meiner Schwester die Tasse ab, die sie ihm auf dem gelblackierten Brettchen präsentiert. »Was meinst du«, sagt er, indem er seinen Augen einen bedenklichen Ausdruck zu geben sucht, »es wird wohl heute nicht viel für uns abfallen!« Aber er lacht dabei so tröstlich, daß diese Worte wie eine goldene Verheißung klingen. Dann, während in dem blanken Messingkomfort der Teekessel saust, beginnt er eine seiner kleinen Erzählungen von den Begebenheiten der letzten Tage, seit man sich nicht gesehen. War es nun der Ankauf eines neuen Spazierstocks oder das unglückliche Zerbrechen einer Mundtasse, es floß alles so sanft dahin, daß man ganz davon erquickt wurde. Und wenn er gar eine Pause machte, um das bisher Erzählte im behaglichsten Gelächter nachzugenießen, wer hätte da nicht mitgelacht! Mein Vater nimmt vergeblich seine kritische Prise; er muß endlich doch mit einstimmen. Dies harmlose Geplauder – es ist mir das erst später klargeworden – war die Art, wie der tätige Geschäftsmann von der Tagesarbeit ausruhte. Es klingt mir noch lieb in der Erinnerung, und mir ist, als verstünde das jetzt niemand mehr. – Aber während der Onkel so erzählt, steckt plötzlich meine Mutter, die seit Mittag unsichtbar gewesen ist, den Kopf ins Zimmer. Der Onkel macht ein Kompliment und bricht seine Geschichte ab; die Tür und die gegenüberliegende Tür werden weit geöffnet. Wir treten zögernd ein; und vor uns, zurückgestrahlt von dem großen Wandspiegel, steht der brennende Baum mit seinen Flittergoldfähnchen, seinen weißen Netzen und goldenen Eiern, die wie Kinderträume in den dunklen Zweigen hängen. ☆

***Braune Kuchen***

500 g Zucker
500 g Sirup
500 g Butter
1250 g Mehl
20 g Pottasche
1 EL gemahlener Zimt
1 EL gemahlener Kardamom
125 g Sukkade
250 g gemahlene Mandeln
Schale von 1 Zitrone

*Die Butter zerlassen, den Sirup dazugeben, Pottasche sehr fein zerstoßen und zugeben, dann alles mit Zucker, Gewürz, Zitrone, Mandeln und Mehl verkneten, den Teig zugedeckt mindestens über Nacht rasten lassen, dann so dünn wie möglich ausrollen, beliebig ausstechen und braun backen. Mit abgezogenen, halbierten Mandeln dekorieren.*

## *Theodor Fontane*
## »Unter einem glücklicheren Stern stand die Backwoche …«

*Theodor Fontane berichtet in seinen Erinnerungen »Meine Kinderjahre« ausführlich über die Vorbereitungen zum Weihnachtsfest, über das Backen und vor allem über das Schlachten. Es ist für ihn ein Teil der »regulären Wirtschaftsführung« einer kleinstädtischen Honoratiorenfamilie, in der die Hausfrau mit Hilfe des festen Personals und ganzer Heerscharen von Saisonarbeiterinnen bei der großen Herbstwäsche oder eben dem Schlachten und Federspleißen alles vor- und zuzubereiten hatte, was in einer Welt noch ohne Lebensmittelindustrie, Tiefkühltruhen und Küchentechnik aufgetischt wurde und in den Vorratskammern und im Keller lagerte. Alles wurde verwendet, auch der Gänsehals und das Gänseklein, von Federn, Flaum und Bratfleisch ganz zu schweigen. Doch das Kind Theodor war erst glücklich, als die Zeit des Backens begann …*

Das gesellschaftliche Leben ruhte während dieser Spätherbsttage; man erholte sich von den Strapazen der Sommersaison und stärkte sich für die Wintergesellschaften. Aber ehe diese kamen, war noch ein mehrwöchiges Interregnum durchzumachen, die Schlacht- und Backzeit, die letztere schon mit der Weihnachtszeit zusammenfallend. (…)
Unter einem glücklicheren Stern stand die Backwoche, wo mit Pfeffer- und Zuckernüssen begonnen und mit Brezeln, Kranz- und Blechkuchen aufgehört wurde. Wir durften nicht nur mit in die Backstube hinein, darin es überaus anheimelnd nach bitteren Mandeln und geriebener Zitrone roch, sondern erhielten auch als Weihnachtsvorgeschmack eigens für uns Kinder gebackene kleine Wecken, alles reichlich zugemessen … Mir war denn auch, um Weihnachten herum, immer sehr weinerlich zumute.

**Braune Pfeffernüsse**

500 g Zuckersirup
200 g Zucker
200 g Butter
1 kg Mehl
30 g Pottasche oder 2 Beutel Backpulver
3 Eier
je 3 g gemahlene Nelken und gemahlener Kardamom
etwas Milch oder Rum

*Sirup, Zucker und Butter werden in einen großen Topf getan, unter ständigem Rühren gekocht, bis sich der Zucker aufgelöst hat, und dann beiseite gestellt. Unterdessen vermengt man das Mehl mit der in etwas Milch oder Rum aufgelösten Pottasche, den gemahlenen Gewürzen und einer Prise Salz, gießt den Zuckersirup und die verquirlten Eier dazu und arbeitet die Masse gut durch, so daß ein fester bräunlicher Teig entsteht. Man rollt ihn zu einer Kugel, bestreut ihn mit Mehl und läßt ihn zugedeckt in der Backschüssel mindestens über Nacht rasten. Dann rollt man den Teig partienweise zu einer kleinfingerdicken Platte aus, sticht kleine dicke runde Plätzchen aus, kann sie auch zu Kügelchen rollen, und setzt sie auf einem mit Backtrennpapier ausgelegten Backblech dicht nebeneinander zu einer großen Tafel zusammen. So werden sie bei 180°C etwa 20 Minuten gebacken.*

**Weiße Pfeffernüsse oder Zuckernüsse**

4 Eier
zusätzlich 4 Dotter
500 g Zucker
250 g geschälte, gemahlene Mandeln
60 g fein gewiegtes Zitronat
60 g kandierte Pomeranzenschalen
je 1 TL gemahlener Zimt und gemahlene Nelken
500 g Mehl

*Die Eier und Eidotter werden mit dem Zucker weißschaumig gerührt. Dann gibt man die Mandeln, die Gewürzzutaten und schließlich das Mehl hinzu, arbeitet den Teig gut durch und formt ihn zu Kügelchen. Diese setzt man auf mit Backtrennpapier ausgelegte Bleche und backt sie bei 175°C rund 20 Minuten.*

*Man kann sie, noch warm, mit Zitronenglasur aus 250 g Puderzucker überziehen.*

Ausverkauf
wegen
Geschäftsauf
gabe.

# *Erich Lüth*
# »Denn alles war begehrt ...«

*Erich Lüth, der spätere Hamburger Senator, erzählt von seiner Kindheit im väterlichen Krämerladen in Pöseldorf. »Pöseln« war die Bezeichnung für »pusseln«, »basteln« oder »flicken«, »Pöseldorf« also die Ansiedlung von Handwerkern, Flickschustern und Kleinbetrieben hinter der Zeile der weißen Villen des Harvestehuder Wegs. Abermals dahinter entstanden neue Straßen und Etagenhäuser, in deren Küchen das Marzipan nicht mehr selbst geknetet, sondern fertig gekauft wurde: Kundschaft für fleißige Krämer, die nun anzubieten hatten, was die wachsende Lebensmittelindustrie und die neuen deutschen Kolonien an »Colonial-Waaren«, an Südfrüchten auf den Markt brachten. Der Knusperteller enthielt jetzt die Leckerbissen der Welt.*

Und dennoch waren die ersten Weihnachten meines Vaters in Hamburg-Pöseldorf nicht ohne Festlichkeit. Tante Klose hatte im Wohnzimmer einen Christbaum geschmückt mit Lametta, Schokoladenkringeln und Kerzen. Und es gab einen Gabentisch, der reich gefüllt war mit vielem, was bis zum Heiligen Abend über die Toonbank in die Hände der armen und reichen Kunden gegangen war, doch längst nicht alles war ausverkauft.

Es waren also die Reste, die zu Weihnachten an die eigene Familie des Krämers, an seine drei Angestellten und seinen Neffen aus Lüttenmark verschenkt wurden. Nur kam der Gedanke an das Unverkaufte, Verschmähte, an den Überschuß in den Regalen und Vitrinen überhaupt nicht auf. Denn alles war begehrt: die Südfrüchte, Orangen, Mandarinen, Pampelmusen, Hasel-, Wal- und Paranüsse, das Lübecker Marzipan und auch das heimische Obst, das von den Altenländer Bauern gewiß nicht als »Spiegelware«, sondern »auf

Aroma hin« gezüchtet worden war, nicht nur für das Auge, sondern für Zunge und Gaumen. Zu alledem gab es auch für den Lehrling aus Mecklenburg eine kleine weiße Tüte mit einer Münze. Das geschah in Anerkennung der unzähligen Arbeitsstunden vor Weihnachten, ein Zehnmarkstück aus Gold, dessen Anblick dem Beschenkten einen leichten Schauer über die Haut rieseln ließ. Dazu kam etwas Praktisches: ein wollener Sweater für den Winter.

Unter dem Lichterbaum sangen die Versammelten ein oder zwei Weihnachtslieder, die den Gottesdienst und die pastorale Verlesung der Weihnachtsbotschaft ersetzen mußten, denn für die Kirche blieb keine Zeit.

Am ersten und zweiten Weihnachtstag wurde vom Chef und seinem Personal sehr lange in den Feiertag hinein das große Schlafdefizit nachgeholt, während die Mutter Klose zwei Gänse briet, die dann auch für das Festmahl beider Weihnachtstage reichen mußten.

Als mein Vater später in der Hansastraße ein eigenes Geschäft gründete, heiratete und sechs Kinder zeugte, übernahm er den patriarchalischen Stil seines Onkels Klose. Familie und Personal bildeten eine Arbeits- und eine Wohnungseinheit. Schließlich saßen wir mit vierzehn- bis fünfzehn Personen zu Tisch, die Mutter am Kopfende. Sie war es, die den Laib Brot an die Brust nahm und Scheibe für Scheibe schnitt, deren jede dann wie ein Diskus durch die Luft flog und treffsicher auf dem Eßteller landete. Es war nicht die einzige ihrer von uns allen bewunderten Fähigkeiten. ☆

***Marzipan***

250 g abgezogene gemahlene Mandeln
250 g Puderzucker
40 g Speisestärke
2 Eiweiß
1 TL Rosenwasser
Eigelb
Mandelhälften

*Mandeln und Puderzucker mischen und zusammen ein zweites Mal mahlen. Speisestärke und steifgeschlagenes Eiweiß darunterheben, eventuell mit einem Eßlöffel Rosenwasser vermengen und die Masse gut durcharbeiten. Ku-*

*geln oder kleine Brote formen, auf ein gefettetes Backblech setzen, mit Eigelb bestreichen und nach Belieben mit Mandelhälften besetzen. Das Backblech zudecken, über Nacht stehen lassen, am nächsten Tag bei schwacher Mittelhitze, mittlere Schiene, 20–25 Minuten backen.*

**Gans** *siehe S. 37*

## *Walter Kempowski*
## »Am Tage drauf kommt die ganze Familie zur Helgoländer Suppe …«

*Dann läutet endlich die Weihnachtsklingel … und alles läuft nach der wohlvertrauten Familientradition und unter der zuverlässigen Festregie des Vaters ab wie immer: Kinder im besten Kleid, Tante im Flitterglanz und am ersten Feiertag das große Familienessen. Aber an dessen Zusammenstellung zeigt sich, daß allmählich die pragmatischen Überlegungen stärker geworden sind als die Tradition. Es gibt keine Gans, keine Pute, keinen fetten Karpfen, überhaupt nichts, was die Hausfrau den ganzen Vormittag in der Küche hielte und dann mit flatternder Schürze und hochroten Wangen zwischen Herd und Tafel hin und her huschen ließe. Diese Suppe kann vorbereitet werden, das Fleisch brät ohne Begießen friedlich seine genau zu bemessende Zeit im Rohr, und der Nachtisch ist ebenfalls längst präpariert. So hat man Zeit füreinander und für einen Gedanken an den wahren Frieden dieses Tages. Das ist das Weihnachtsmenü der klugen Hausfrau.*

Am Tage drauf kommt die ganze Familie zur Helgoländer Suppe, die Großeltern und die Onkel und Tanten und auch die sechs Cousinen.

Grön is dat Land,
rot is de Kant,
witt is de Sand:
dat sünd de Farwen
von Helgoland.

Eine rote Krebssuppe ist das, auf der kleine weiße Schlagsahnehäufchen schwimmen, die mit Petersilie bestreut sind.

Die Großeltern kommen Hand in Hand, der Patriarch mit einem auf Taille geschnittenen Bratenrock (die Revers in Seide gefaßt, und hinten, im linken Schlippen, das große weiße Taschentuch), und die kleine Marie in einem Berg aus Röcken mit unendlich vielen Falten und

Fältchen, und auf dem Kopf ein Spitzendeckchen.
Helgoländer Suppe, Käsekroketten mit Erbsen, Roastbeef und Plumpudding mit Rum flambiert.
Onkel Hans hat irgendeinen Hokuspokus mitgebracht, einen Ball, der die Zunge herausstreckt, wenn man drauf drückt, hüpfende Frösche aus Blech oder eine Laterna Magica, die er anschließend allerdings wieder mitnimmt. ☆

***Krebssuppe***
50 g Öl oder Butter
40 g Mehl
Salz
Pfeffer
1 EL Currypulver
1 Prise Zucker
3 EL Krebspaste
1 EL Tomatenmark
¼ l Milch oder Sahne
1 l Fleischbrühe
je 1 Messerspitze gemahlene Nelken und Zimt
nach Belieben Krabbenfleisch, Muscheln und Fischklößchen
⅛ l ungesüßte Schlagsahne
Petersilie

*Das Fett zerschleichen lassen, das Mehl hinzugeben, umrühren, unter ständigem Rühren blond werden lassen. Würzen und mit etwas kalter Fleischbrühe verrühren. Krebspaste, Tomatenmark und Sahne auf schwacher Hitze dazugeben und verrühren, mit der restlichen Fleischbrühe aufkochen lassen.*
*Zu sämig? Mit einem Glas Wein, Milch oder Brühe verlängern. Zu wenig cremig? Einen Löffel Crème fraîche dazugeben. Abschmecken, nach Belieben mit Einlagen versehen.*
*Kurz vor dem Servieren mit Sahnetupfern besetzen und diese mit fein gewiegter Petersilie bestreuen.*

***Gebratenes Roastbeef***
1 kg ausgelöstes Roastbeef
Öl
getrocknete Kräuter, fein zerrieben:
Salbei oder Thymian und
Majoran oder eine französische
Kräutermischung

*Das Roastbeef mit der typischen Fettschicht, die auf keinen Fall abgeschnitten werden darf, vom Schlachter vorbereiten lassen oder selbst vorbereiten: Die Fettschicht mit einem scharfen Messer ziselieren. Das Fleisch dann von allen Seiten mit Öl einreiben und mit ge-*

*trockneten Kräutern oder mit scharfem Senf bepudern oder einreiben. Den Ofen auf 250°C vorheizen, das Roastbeef 10 Minuten bei dieser starken Hitze im Bräter oder auf dem Rost über dem Bräter braten. Die Fettseite liegt oben, so daß das Fleisch in der starken Hitze geschützt ist und sich selbst mit Fett begießt. Das Roastbeef die restlichen 30 Minuten bei 180–200°C braten, dann den Ofen ausschalten und das Roastbeef auf jeden Fall im offenen Bratofen 10–15 Minuten rasten lassen. Man kann es auch in Alufolie einhüllen, so in den offenen, ausgeschalteten Ofen zurücklegen und derweil aus dem Bratfond eine Sauce kochen.*

### *Käsekroketten*

2 Tassen Kartoffelmus
1 Tasse geriebener Emmentaler
2 Eier
Salz
Pfeffer
Muskatnuß
etwas Mehl und Butter

*Das Kartoffelmus mit dem Käse und den verquirlten Eiern gründlich vermengen, nach Belieben würzen und mit dem Eßlöffel kleine Portionen abstechen. Mit bemehlten Händen flache Kroketten formen und in heißer Butter von beiden Seiten rasch ausbacken.*

### *Plumpudding*

150 g Mehl
je 1 TL geriebene Muskatnuß
gemahlener Zimt und Salz
200 g weißer oder brauner Zucker
125 g gemahlene Mandeln
abgeriebene Schale von 1 Zitrone
und von 1 Orange
1 kg gemischte Trockenfrüchte
(Rosinen, Korinthen, Sultaninen,
kandierte Früchte, Sukkade)
1 grobgewürfelter Apfel
150 g Semmelbrösel
4 Eier
1 Glas Rum oder Brandy
250 g Rindertalg

*Mehl, Gewürze, Zucker, Mandeln und abgeriebene Zitronen- und Orangenschalen in einer großen Schüssel mischen. Die Trockenfrüchte und den gewürfelten Apfel, Semmelbrösel, Eier und Brandy dazugeben. Rindertalg fein wiegen, dazugeben und alles zu einer möglichst glatten Masse verrühren. Diese in ein großes mehlbestreutes Tuch füllen, an allen vier Zipfeln zusammenbinden und zuerst vier und vor dem Essen noch einmal zwei Stunden im heißen Wasser kochen lassen. Man kann den Teig auch in eine oder zwei mittelgroße gut ausgefettete und gut ausgebröselte Puddingformen füllen und ebenso lange im Wasserbad kochen. Je länger er kocht, desto schwärzer und glatter sieht er aus, was ein Zeichen für einen wohlgelungenen Pudding ist. Er wird aus der Form gestürzt oder aus dem Tuch geknotet, und zum Servieren übergießt man den Plumpudding mit angewärmtem Branntwein, entzündet ihn und trägt ihn in seiner blauen Waberlohe auf. Dazu gibt es gern Rumbutter, zu der man gleich viel Butter und braunen Zucker schaumig rührt, mit Zimt oder Muskatnuß würzt und mit Rum aromatisiert.*

# *Wolfgang Borchert*
# »Vielleicht haben sie sogar Grünkohl«

*Wolfgang Borchert – der Name beschwört das Bild des abgerissenen Soldaten, des Spätheimkehrers, der »Draußen vor der Tür« bleiben mußte, während die anderen, die Drahtzieher, die Kriegsgewinnler, die Reichen, schon wieder an wohlgedeckten Tischen saßen und praßten und sich im Vergessen und Verdrängen übten. Draußen vor der Tür, kein Raum in der Herberge – das sind Parallelen, die auch in Borcherts Erzählung »Hinter den Fenstern ist Weihnachten« als zeitlose Mahnung anklingen: Hol deinen Bruder an den Tisch – dann erst ist Weihnachten. Wolfgang Borchert starb 1947 mit 26 Jahren, kurz vor Weihnachten.*

Im Bunker hält man das nicht aus. Und als dein Gesicht von dem Auto hellgemacht wurde, sah ich, daß du blaue Schatten um die Augen hast. Vielleicht ist das eine, bei der man's leichter hat, dachte ich. Deswegen laufe ich hinter dir her.

Wir beide sind ganz allein in der Stadt. Hinter den Fenstern, da ist Weihnachten. Manchmal sieht man hinter den Gardinen die Kerzen vom Tannenbaum. Im Bunker könnte man das jetzt nicht aushalten, wenn sie singen. Du hast blaue Schatten unter den Augen. Vielleicht bist du eine von denen, die abends unterwegs sind. Die Schatten hast du von der Liebe. Aber jetzt sind sie ganz anders, jetzt singen sie Weihnachtslieder und schämen sich, weil sie weinen müssen. Ich bin weggegangen.

Ob du ein Zimmer hast? Und einen Tannenbaum? Mein Gott, wenn du ein Zimmer hättest? Merkst du, daß ich hinter dir hergehe? Wir sind ganz allein in der Stadt. Und die Laternen stehen Posten. Die Posten haben Zigaretten, weil heute Weihnachten ist, und die glimmen im Finstern: Hörst du, hinter den Fenstern machen sie Weihnachten. Sie sitzen auf weichen Stühlen und essen Bratkartoffeln. Vielleicht haben sie sogar Grünkohl. Aber dann sind sie reich. Aber sie haben ja auch Gardinen, dann haben sie auch Grünkohl. Wer Gardinen hat, ist reich. Nur wir beiden sind draußen. Du hast blaue Schatten an den Augen, das hab ich gesehen, als das Auto vorbeifuhr. Ich möchte, daß du die Schatten von der Liebe hast. Ich weiß sonst nicht, wohin. Im Bunker singen sie. Das hält man nicht aus …

***Grünkohl***

2 kg Grünkohl
3 EL Schweine- oder Gänseschmalz
1 Zwiebel
Salz
Pfeffer
Zucker
½ l fette Fleischbrühe
4 Brägen- oder Kochwürste oder 4 dicke Scheiben Mettwurst

*Grünkohl waschen, das Grün vom Strunk streifen, fein wiegen, in reichlich Salzwasser 10 Minuten blanchieren, unter Umständen in mehreren Partien. Gut abtropfen lassen, in einem Schmortopf Salz zerschleichen lassen, die in Scheiben geschnittene Zwiebel darin andünsten, den Kohl dazugeben, salzen, pfeffern und zuckern. Mit Fleischbrühe aufgießen und langsam eine Stunde garen lassen. Nach einer halben Stunde die Würstchen unter den Kohl schieben.*

***Bratkartoffeln***

750–1000 g Kartoffeln
30–50 g Butter
2 Schalotten
Salz
Pfeffer

*Kartoffeln am Vortag kochen und pellen. Die trockenen Kartoffeln in Scheiben schneiden. 30 g Butter in einer großen tiefen Pfanne heiß werden lassen, die fein gewürfelten Schalotten hineinschütten, Hitze vermindern und Schalotten gerade blond werden lassen. Die Kartoffelscheiben dazugeben, die Hitze wieder hochschalten, Kartoffeln salzen und mit dem restlichen Fett unter ständigem Umdrehen kroß braten.*

# Kuchen, Küken & Kartoffelsalat
# Weihnachtsdiners von Kästner bis Kaschnitz –
# nicht nur für Kinder

# *Erich Kästner*
# »Ich saß in der Küche und wartete«

*Das verklemmteste Kinder-Weihnachten hat Erich Kästner beschrieben. Feindselige Eltern, ein verängstigter Sohn, Geschenke als Erpressung, Dank als Heuchelei. Und drum herum die traditionellen Speisen, die den Geist der Weihnacht beschwören sollen. Der Stollen, der in seiner puderzuckerweißen länglichen Gestalt an das Wickelkind in der Krippe erinnern soll; die Pfefferkuchen, deren reichliches und kostbares Gewürz wie die Gaben der Heiligen Drei Könige duften. Friede auf Erden? Das ist das Problem des Weihnachtsfestes in unserer Zeit: die vergebliche Hoffnung, daß alles wieder gut oder alles wie früher wird, wenn der Kuchen wie damals gebacken wird, wenn es im ganzen Hause so duftet wie einst und wenn die Kerzen des Tannenbaums trügerisch friedlich schimmern.*

Ich saß in der Küche und wartete, daß man mich in die Gute Stube riefe, unter den schimmernden Christbaum, zur Bescherung. Meine Geschenke hatte ich parat: für den Papa ein Kistchen mit zehn oder gar fünfundzwanzig Zigarren, für die Mama einen Schal, ein selbstgemaltes Aquarell oder – als ich einmal nur noch fünfundsechzig Pfennig besaß – in einem Karton aus Kühnes Schnittwarengeschäft, hübsch verpackt, die sieben Sachen. Die sieben Sachen? Ein Röllchen weißer und ein Röllchen schwarzer Seide, ein Heft Stecknadeln und ein Heft Nähnadeln, eine Rolle weißen Zwirn, eine Rolle schwarzen Zwirn und ein Dutzend mittelgroßer schwarzer Druckknöpfe, siebenerlei Sachen für fünfundsechzig Pfennige. Das war, fand ich, eine Rekordleistung! Und ich wäre stolz darauf gewesen, wenn ich mich nicht so gefürchtet hätte.

Ich stand also am Küchenfenster und blickte in die Fenster gegenüber. Hier und dort zündete man schon die Kerzen an. Der Schnee auf der Straße glänzte im Laternenlicht. Weihnachtslieder erklangen. Im Ofen prasselte das Feuer, aber ich fror. Es duftete nach Rosinenstollen, Vanillezucker und Zitronat. Doch mir war ganz elend zumute. Gleich würde ich lächeln müssen, statt weinen zu dürfen.

Und dann hörte ich meine Mutter rufen: »Jetzt kannst du kommen!« Ich ergiff die hübsch eingewickelten Geschenke für die beiden und trat in den Flur. Die Zimmertür stand offen. Der Christbaum strahlte. Vater und Mutter hatten sich links und rechts vom Tisch postiert, jeder neben seine Gaben, als sei das Zimmer samt dem Fest halbiert. »Oh«, sagte ich, »wie schön!« und meinte beide Hälften. Ich hielt mich noch in der Nähe der Tür, so daß mein Versuch, glücklich zu lächeln, unmißverständlich beiden galt. Der Papa, mit der erloschnen Zigarre im Munde, beschmunzelte den firnisblanken Pferdestall. Die Mama blickte triumphierend auf das Gabengebirge zu ihrer Rechten. Wir lächelten zu dritt und überlächelten unsere dreifache Unruhe. Doch ich konnte nicht an der Tür stehen bleiben! Zögernd ging ich auf den herrlichen Tisch zu, auf den halbierten Tisch, und mit jedem Schritt wuchsen meine Verantwortung, meine Angst und der Wille, die nächste Viertelstunde zu retten. Ach, wenn ich allein gewesen wäre, allein mit den Geschenken und dem himmlischen Gefühl, doppelt und aus zweifacher Liebe beschenkt zu werden! Wie selig wär ich gewesen, und was für ein glückliches Kind! Doch ich mußte meine Rolle spielen, damit das Weihnachtsstück gut ausgehe. Ich war ein Diplomat, erwachsener als meine Eltern, und hatte dafür Sorge zu tragen, daß unsere feierliche Dreierkonferenz unterm Christbaum ohne Mißklang verlief. Ich war, schon mit fünf oder sechs Jahren und später erst recht, der Zeremonienmeister des Heiligen Abends und entledigte mich der schweren Aufgabe mit großem Geschick. Und mit zitterndem Herzen. Ich stand am Tisch und freute mich im Pendelverkehr. Ich freute mich rechts, zur Freude meiner Mutter. Ich freute mich an der linken Tischhälfte über den Pferdestall im allgemeinen. Dann freute ich mich wieder rechts, diesmal über den Rodelschlitten, und dann wieder links, besonders über das Lederzeug. Und noch einmal rechts, und noch einmal links, und nirgends zu lange, und nirgends zu flüchtig. Ich freute mich ehrlich und mußte meine Freude zerlegen und zerlügen. Ich gab beiden je einen Kuß auf die Backe. Meiner Mutter zuerst. Ich verteilte meine Geschenke und begann mit den Zigarren. So konnte ich, während der Papa das Kistchen mit seinem Taschenmesser öffnete und die Zigarren beschnupperte, bei ihr ein wenig länger stehenbleiben als bei ihm. Sie bewunderte ihr Geschenk, und ich drückte sie heimlich an mich, so heimlich, als sei es eine Sünde. Hatte er es trotzdem bemerkt? Machte es ihn traurig?

Nebenan, bei Grüttners, sangen sie: »O du fröhliche, o du selige gnadenbringende Weihnachtszeit!« Mein Vater holte ein Portemonnaie aus der Tasche, das er im Keller zugeschnitten und genäht hatte, hielt es meiner Mutter hin und sagte: »Das hätt ich ja beinahe vergessen!« Sie zeigte auf ihre Tischhälfte, wo für ihn Socken, warme lange Unterhosen und ein Schlips lagen. Manchmal fiel ihnen, erst wenn wir bei Würstchen und Kartoffelsalat saßen, ein, daß sie vergessen hatten, einander ihre Geschenke zu geben. Und meine Mutter meinte: »Das hat ja Zeit bis nach dem Essen.«

Anschließend gingen wir zu Onkel Franz. Es gab Kaffee und Stollen. Dora zeigte mir ihre Geschenke. Tante Lina klagte ein bißchen über ihre Aderbeine. Der Onkel griff nach einer Havannakiste, hielt sie meinem Vater unter die Nase und sagte: »Da, Emil! Nun rauch mal 'ne anständige Zigarre!« Der Papa erklärte, leicht gekränkt: »Ich hab selber welche!« Onkel Franz meinte ärgerlich: »Nun nimm schon eine! So was kriegst du nicht alle Tage!« Und mein Vater sagte: »Ich bin so frei!«

Frieda, die Wirtschafterin und treue Seele, schleppte Stollen, Pfefferkuchen, Rheinwein oder, wenn der Winter kalt geraten war, dampfenden Punsch herbei und setzte sich mit an den Tisch. Dora und ich versuchten uns auf dem Klavier an Weihnachtsliedern, der ›Petersburger Schlittenfahrt‹ und dem ›Schlittschuhwalzer‹. ☆

***Kartoffelsalat***

1–2 Zwiebeln
750 g Pellkartoffeln
Salz
Pfeffer
1 TL Senf
1 Prise Zucker
1–2 Äpfel
2–3 Gewürzgurken
2 Scheiben gekochter Sellerie
½ l kräftige Fleischbrühe
6 EL Öl
2 EL Weinessig

*Die Zwiebel pellen und in sehr feine Würfel schneiden, in die Salatschüssel geben, mit Pfeffer und Salz bestreuen und mit dem Essig begießen. Die Schüssel zudecken und die Zwiebeln ziehen lassen. Unterdessen die Pellkartoffeln noch heiß in Scheiben schneiden, mit den geschälten und fein gewürfelten Äpfeln, der fein gewürfelten Gewürzgurke und Sellerie zu den Zwiebeln geben. Alles mit den Gewürzen durchmengen, die heiße Fleischbrühe daraufgießen, noch einmal durchschwenken, mit dem Öl begießen und ziehen lassen.*

*Dann mit Salz und Essig so scharf und sauer abschmecken, wie es einem gefällt.*

***Dresdner Weihnachtsstollen***

1 kg Mehl
250 g Zucker
100 g Hefe
¼–⅜ l Milch
750 g Butter
250 g Rosinen und 250 g Korinthen (oder 500 g Rosinen)
100 g Orangeat
2 EL Zitronenzucker
1 TL Salz
100 g Mandeln
1 Gläschen Rum
Zum Vollenden:
100 g Butter
100 g Puderzucker oder Vanillezucker

*Das Wichtigste ist, daß alle Zutaten gleichmäßig warm sind, also am besten schon am Vortag in der Küche zurechtgestellt werden.*

*Die Hefe in eine Schüssel bröseln, 1 EL Zucker dazugeben und so lange rühren, bis die Hefe schmilzt. Dann mit etwas lauwarmer Milch verquirlen, die Hälfte des Mehls in eine Backschüssel füllen, in der Mitte eine Kuhle drücken und die angerührte Hefe hineingießen. Sie wird mit etwas Mehl vermengt, dann wird der Vorteig zugedeckt und muß gehen.*

*Unterdessen die Butter mit dem Zukker, dem Zitronenzucker (s. S. 107) und dem Salz weiß schaumig rühren und mit der Hälfte des restlichen Mehls verrühren. Dann schlägt man den Vorteig, bis er blasig ist, und vermengt ihn mit der Butter-Zuckermasse. Auch dieser Teig soll locker und kräftig geschlagen werden, bis sich die Masse vom Schüsselrand und von den Händen löst. Den Teig auf das bemehlte Backbrett stürzen, flach drücken, die fein gewiegten Mandeln, die in Rum geweichten Rosinen (samt Rum), Korinthen und das fein gewiegte Orangeat auf den Teig streuen und alles schnell verkneten. Dann wird der Teig zugedeckt, muß an einem warmen Ort mindestens eine Stunde gehen, wird dann noch einmal durchgeknetet und in zwei gleiche Hälften geteilt.*
*Aus jeder Hälfte einen Stollen formen, indem man mit dem Nudelholz den zu einem Oval ausgerollten Teig so eindrückt, daß der eine Wulst dicker ist als der andere. Den dicken auf den dünneren schlagen, so daß der Stollen seine typische Form bekommt. Beide Stollen zudecken und wieder etwas gehen lassen. Dann kommen beide zusammen auf ein Backblech und werden zuerst bei 180°C auf der unteren Schiene, dann bei 200°C 1–1¼ Stunde gebakken. Auf jeden Fall die Hölzchenprobe machen, und die noch warmen Stollen immer wieder mit flüssiger Butter bepinseln und dann mit Puder- oder Vanillezucker bestreuen. Diese süße Hülle sorgt dafür, daß die Stollen innen saftig bleiben.*

***Dicker Pfefferkuchen***

250 g Butter
200 g brauner Zucker
1 EL Vanillezucker
je 1 TL Zimt, Kardamom und Nelken
½ TL Salz
3 Eier
400 g Mehl
1 Beutel Backpulver
600 g Walnüsse
Puderzucker

*Den Backofen auf 180°C vorheizen. Das tiefe Blech mit Backtrennpapier ausfüttern. Butter in einer Kasserolle schmelzen, vom Herd nehmen und mit dem Zucker und den Gewürzen verrühren. In die erkaltete Mischung die Eier, das mit Backpulver vermischte Mehl und die grob gehackten Nüsse rühren, ins Blech füllen, glattstreichen und etwa 30 Minuten backen. Hölz-*

*chenprobe machen. Den Teig nach Belieben mit Puderzucker bestäuben oder mit einer Glasur überziehen. Noch warm in Streifen schneiden.*

***Punsch***

½ l starker Tee
1 Flasche Burgunder
3 Nelken
1 Stange Zimt
1 Kringel Zitronenschale
1–2 EL Zucker oder Kandis
1 Gläschen Rum

*Den Tee läßt man mit allen anderen Zutaten langsam heiß werden, süßt nach Belieben und nimmt sich mehr oder weniger Rum.*
***Kinderpunsch*** *wird ohne Alkohol angesetzt: Tee (aus Malven), Gewürze und Kandis werden erhitzt und mit beliebig viel Zitronensaft verrührt.*

## *Stefan Andres*
# »Ja, ihr Kanner, da misse mer wohl baaken!«

*Stefan Andres entwirft in seiner »Moselweihnacht« ein so genaues Bild einer Weihnachtslandschaft, wie es nur eine glückliche Erinnerung ermöglicht. Die Moseldörfer lebten vom Wein, und wo die Trauben gedeihen, da gibt es genug Nüsse und Obstsorten, um im Winter vom Eingemachten und anderen Vorräten zu leben. Das enge Flußtal erlaubte keine nennenswerte Viehzucht, also gehörten keine Braten, sondern die verschiedenen Gebäcke zum Festessen und die weichen, duftenden Plattenkuchen mit ihrem üppigen Belag aus Streuseln und Obst.*

In der bäuerlichen Welt des Moseldorfes, in dem ich meine Schuljungenzeit verbrachte, beging man das Weihnachtsfest zu Haus und in der Kirche auf eine herbinnige und ganz und gar unsentimentale Weise. Es hatte sich unter dem Stern von Bethlehem noch nicht jener Rummelplatz halb echter, halb falscher Gefühle aufgetan. Die Krämer verkauften wohl Christbaumschmuck, Schokoladenplätzchen und Lebkuchen, aber von einem Weihnachtsgeschäft sprach niemand, da die Sitte noch vollständig unbekannt war, Weihnachtsstimmung in Schachteln zu kaufen. Und man fiel auch, wie einem das heutzutage bereits vier Wochen vor Weihnachten passieren kann, wenn man in einem Gasthaus irgendwo eine Tür zu einem Bürger- oder Hinterstübchen aufklinkt, niemals in einen Kreis von weihnachtlich gestimmten Männern, die, zwischen Lichterbaum und Bierglas sitzend, »Stille Nacht« oder »Am Weihnachtsbaume die Lichter brennen« singen. Es gab auch keine langen und kostspieligen Vorbereitungen. Die Mutter fragte, etwa acht Tage vor dem Fest: »Ja, ihr Kanner, da misse mer wohl baaken!« In der Futterküche war der Backofen. Ich sehe es noch, wie der Vater die Buchenscheite hineinwarf und die Mutter mit strengem Prüfen und das Gesicht gegen die Hitze verkniffen hineinschaute. Dann wurden die runden, an den Rändern gewellten Bleche mit dem wohlriechenden Teige herbeigetragen. An diesen Streusel- oder Obstkuchen hatte ich, so klein ich auch noch war, auszusetzen, daß die Teigschicht zu hoch war. Ich schnitt dann diese dicken Kreissegmente einmal der Länge nach durch, und nur, wie ich behauptete, um sie in den Mund zu kriegen, in Wirklichkeit aber, um auch das untere, das eigentliche Teigstück, mit Butter und Gelee zu bedecken, was den Eltern und Geschwistern als eine fast schon ans Lasterhafte grenzende Üppigkeit erschien. (...)

Den Heiligabend feierten wir nicht. Wir gingen eher ein wenig früher zu Bett, um morgens in aller Frühe, ich glaube bereits um vier Uhr, aufzustehen. Falls uns das erste Läuten noch nicht geweckt hatte, hörten wir auf jeden Fall den Vater, der unten vor der Treppe stand und sang. Denn während er sonst nur mit den Knöcheln auf einen der Holztritte klopfte, erhob er an diesem Morgen seine kraftvolle Stimme, und wir saßen in den Betten, rieben die Augen und lauschten. »Heiligste Nacht – Heiligste Nacht, Finsternis weichet« – und bald fielen unsere Stimmen mit ein. Das Waschen am Weihnachtsmorgen geschah sehr flüchtig, denn der Geruch, der aus der guten Stube kam, erfüllte bereits das ganze Haus. Es ist schwer, diesem Geruch nach so vielen Jahren ganz auf die Spur zu kommen. Der Duft der Fichte und der herbe Geruch des Leinöls, mit dem die Bohlen des Fußbodens vor jedem Fest getränkt wurden, durchdrangen sich stark. Aus dem eingebauten Porzellanschrank, wo die Kuchen übereinanderstanden, stieg der nahrhafte und zugleich festliche Anhauch von Gestreuseltem, die Äpfel am Christbaum gaben mit ihrem Atem dem Duftgequirle eine leichte, schwebende Würze, und die Schokoladenplätzchen und die stark gewürzten Lebkuchen regten mich mit ihrem aus fernen Ländern kommenden Geruch ebenso auf, wie das unerhörte Glitzern der Silberschaumkugeln und das Sprühen der Wunderkerzen. In die dicken Silberkugeln blickte ich immer wieder hinein und konnte mich an der fratzenbildenden Wirkung dieses Kugelspiegels nicht sattsehen. ☆

***Streuselkuchen***

Für den Hefeteig:
400 g Mehl
20 g Hefe
etwa ¼ l Milch
60 g Butter
60 g Zucker
1 Ei und 1 Dotter
1 Prise Salz
Für die Streusel:
70 g Butter
125 g Mehl
70 g gemahlene Mandeln
100 g Zucker
etwas abgeriebene Zitronenschale
1 Prise Salz
1 Messerspitze gemahlener Zimt

*Die zerbröselte Hefe mit einem Eßlöffel Zucker in einem Schälchen verrühren, bis sie schmilzt. Mit einer halben Tasse warmer Milch und etwas Mehl verquirlen. Das restliche Mehl in eine Backschüssel schütten und in die Mitte eine Kuhle drücken. Die Hefemischung hineingießen, etwas mit Mehl bestäuben und zugedeckt an einem warmen Ort 10 Minuten gehen lassen. Mit den übrigen Zutaten in der Küchenmaschine oder mit dem Handrührgerät zu einem Teig rühren oder mit Hand- und Holzlöffel rühren und schlagen, bis der Teig Blasen wirft. Zudecken, abermals gehen lassen, diesmal rund eine Stunde. Dann auf die bemehlte Arbeitsfläche schütten, kräftig durchkneten und so groß ausrollen, daß der Teig aufs gefettete Backblech paßt. Überall einen kleinen Rand hochdrücken, die Zutaten für die Streusel miteinander zerbröseln und auf den Teig streuen. In den auf 200°C vorgeheizten Backofen schieben, mittlere Schiene, und 30–35 Minuten bakken. Auf jeden Fall die Hölzchenprobe machen.*

***Schokoladenplätzchen***

375 g ungeschält gemahlene Mandeln
100 g bittere geriebene Schokolade
3 Eiweiß
375 g Zucker
½ TL gemahlener Zimt oder Ingwer
feiner Zucker zum Ausrollen
200 g Couvertüre
nach Belieben Liebesperlen oder geschälte halbe Mandeln zum Belegen

*Eiweiß steif schlagen, dabei den Zucker einrieseln lassen. Mandeln, Schokolade und Gewürz hinzufügen und gut verrühren und kneten. Den Teig auf die mit Zucker bestreute Arbeitsfläche kippen und rasch etwa fünf Millimeter dick ausrollen und zu Quadraten schneiden oder radeln. Die Quadrate vorsichtig auf ein mit Backtrennpapier belegtes Backblech legen und im auf 160°C vorgeheizten Ofen, mittlere Schiene, etwa 30 Minuten backen. Das fertige Gebäck auf einem Kuchenrost abkühlen lassen, dann mit der im Wasserbad aufgelösten Couvertüre überziehen und mit Liebesperlen oder Mandeln verzieren.*

**Oblaten-Lebkuchen**

350 g feiner Zucker
5 Eier
350 g ungeschält gemahlene Mandeln
100 g Mehl
je 50 g fein gewürfeltes Orangeat und Zitronat
2 TL gemahlener Zimt
je ¼ TL bis eine Messerspitze gemahlener Kardamom, Nelken, Piment und Ingwer
etwa 25 runde Oblaten, 8 cm Durchmesser

Für die Glasur:
100 g Puderzucker
2 EL Wasser
1 EL Zitronensaft
Mandelhälften und Liebesperlen zur Dekoration

*Zucker und Eier im Wasserbad mit dem Schneebesen oder Handrührgerät schaumig rühren, wobei das Wasser nicht kochen darf und der Schnee nur handwarm sein soll. Dann die Schüssel aus dem Wasserbad nehmen und die Masse weiter schlagen, bis sie abgekühlt ist. Mehl, Mandeln, Orangeat, Zitronat und Gewürze vermengen und gleichmäßig unter den Zuckerschnee ziehen. Auf jede Oblate einen Löffel dieser Masse setzen und mit einem Küchenmesser, das immer wieder in Wasser getaucht wird, zum Rand hin schräg abfallend verstreichen. Die Lebkuchen auf das Backblech setzen und über Nacht trocknen lassen. Dann den Ofen auf 180°C vorheizen, die Lebkuchen 15–20 Minuten auf der mittleren Schiene backen. Unterdessen Zucker, Zitronensaft und Wasser einmal aufkochen lassen und die noch heißen Lebkuchen, eventuell zweimal, damit bestreichen. Dann nach Belieben dekorieren.*

O du fröhliche, o du selige,
gnadenbringende Weihnachtszeit!
Welt ging verloren, Christ ist geboren:
Freue, freue dich, o Christenheit!

O du fröhliche, o du selige,
gnadenbringende Weihnachtszeit!
Christ ist erschienen, uns zu versühnen.
Freue, freue dich, o Christenheit!

O du fröhliche, o du selige,
gnadenbringende Weihnachtszeit!
Himmlische Heere jauchzen dir Ehre:
Freue, freue dich, o Christenheit!

O du fröhliche, o du selige,
friedenbringende Weihnachtszeit!
Finsternis vergehet, Gottes Reich erstehet.
Gottes, Gottes Reich in Fried und Freud!

O du fröhliche, o du selige,
seligtröstende Weihnachtszeit.
Christ ist gekommen, wir sind entnommen
aller, aller Schmach und Traurigkeit!

O du fröhliche, o du selige,
weltverklärende Weihnachtszeit!
Laßt die Lichter brennen, daß wir den erkennen,
der heut, der heut kommt in Herrlichkeit!

Stille Nacht, heilige Nacht!
Alles schläft, einsam wacht
nur das traute hochheilige Paar.
Holder Knabe im lockigen Haar,
schlaf in himmlischer Ruh.

Stille Nacht, heilige Nacht!
Hirten erst kund gemacht;
durch der Engel Halleluja
tönt es laut von fern und nah:
Christ, der Retter, ist da!

Stille Nacht, heilige Nacht!
Gottes Sohn, o wie lacht
Lieb aus deinem göttlichen Mund,
da uns schlägt die rettende Stund,
Christ, in deiner Geburt.

Vom Himmel hoch, da komm ich her,
ich bring euch gute neue Mär;
der guten Mär bring ich so viel,
davon ich singn und sagen will.

Des laßt uns alle fröhlich sein
und mit den Hirten gehn hinein,
zu sehn, was Gott uns hat beschert,
mit seinem lieben Sohn verehrt.

Sei mir willkommen, edler Gast!
Den Sünder nicht verschmähet hast
und kommst ins Elend her zu mir:
wie soll ich immer danken dir?

Lob, Ehr sei Gott im höchsten Thron,
der uns schenkt seinen ein'gen Sohn.
Des freuet sich der Engel Schar
und singen uns solch neues Jahr.

Still, still, still,
weils Kindlein schlafen will!
Die Engel tun schön jubilieren,
bei dem Kindlein musizieren.
Still, still, still,
weils Kindlein schlafen will.

Schlaf, schlaf, schlaf,
mein liebes Kindlein, schlaf!
Maria tut es wieder singen,
ihre ganze Lieb darbringen.
Schlaf, schlaf, schlaf,
mein liebes Kindlein, schlaf!

Groß, groß, groß,
die Lieb ist übergroß.
Gott hat den Himmelsthron verlassen
und muß reisen auf der Straßen.
Groß, groß, groß,
die Lieb ist übergroß.

Wir, wir, wir,
wir rufen all nach dir.
Tu uns des Himmels Reich aufschließen,
wenn wir einmal sterben müssen.
Wir, wir, wir,
wir rufen all nach dir.

H.GÜNTHER. sc.

# *Elise Averdieck*
# »Die Kinder bekommen aber um acht Uhr gebratene Küken …«

*Elise Averdieck, eigentlich Adele Kühner, Zweitälteste von zwölf Geschwistern aus wohlhabender Hamburger Kaufmannsfamilie, gehörte zu den aus christlicher Verpflichtung wohltätigen Bürgern des 19. Jahrhunderts, die sich der praktischen Nächstenliebe widmeten. Sie gründete und leitete eine Jungenschule, ein Krankenhaus, ein Mutterhaus zur Ausbildung von Diakonissen und schrieb Kinderbücher – wie »Karl und Marie« – für ihre eigenen Schülerinnen und Schüler zum Lesen und Vorlesen. Ihr Bild vom Weihnachtsfest entspricht den Lebensprinzipien einer unabhängigen Frau, die im 19. Jahrhundert lebte. Ihr festes Vertrauen auf eine bessere Zukunft für die ihr anvertrauten Zöglinge und auf den gütigen Gott, der die Braven belohnt, und ihre selbstverständliche Frömmigkeit ließen eine weihnachtliche Freude entstehen, deren Unschuld bald ihre Voraussetzungen, wohl für immer, verlor. Und gerade dieser Verlust hat seitdem die Sehnsucht entstehen lassen, Weihnachten und das ganze Leben könnten noch einmal so sein wie in der »guten alten Zeit«.*

Nachdem die Kinder noch ein paar Stunden gespielt und sich gefreut haben, ruft Mama sie zum Abendbrot. Das war auch sehr niedlich. Im Bethlehemsstübchen war ein kleiner Tisch gedeckt für neun Persönchen. Lottchen soll schon mit den großen Leuten um zehn Uhr Karpfen und Kartoffeln essen; die Kinder bekommen aber um acht Uhr gebratene Küken, Spinat, Kartoffeln und gekochte Früchte, und zum Nachtisch goldene Äpfel und Nüsse und Zuckerwerk vom Weihnachtsbaum. O, das ist eine Freude! So etwas Schönes haben die sechs armen Kinder noch niemals gegessen; es schmeckt ihnen wunderschön.

***Hamburger Stubenküken***

4 Stubenküken
1 TL grobes Salz
1 TL weiße Pfefferkörner
2 Zwiebeln
50 g Butterschmalz
150 g Geflügelleber
1 Tasse Semmelbrösel
1 Tasse fein gewiegte grüne Kräuter (Estragon, Petersilie, Basilikum)
2–3 EL Sahne
4 große dünne Speckscheiben
Butter oder Butterschmalz zum Braten
1 Tasse Hühnerbrühe oder Weißwein

*Die ausgenommenen Stubenküken innen und außen gut waschen und trocknen. Salz und Pfeffer im Mörser zerdrücken, die Stubenküken von innen damit würzen und ruhen lassen. Unterdessen die Füllung vorbereiten: Die fein gewürfelten Zwiebeln in dem ausgelassenen Butterschmalz blond dünsten, die kleingeschnittene Geflügelleber dazugeben und ständig umdrehen, bis sie überall hell angelaufen ist. Mit Semmelbröseln, Sahne, Kräutern und eventuell noch etwas ausgelassener Butter vermengen und gerecht in die vier Küken füllen. Die Öffnung mit einem hölzernen Zahnstocher verschließen, die Stubenküken mit Butter bepinseln und nebeneinander in die ebenfalls ausgefettete Bratreine setzen. Jedes Stubenküken mit Speck zudecken, die Reine in den auf 250°C vorgeheizten Ofen schieben, und die Hitze nach 5–10 Minuten auf 180°C herunterschalten. Die Küken insgesamt etwa 40 Minuten braten lassen und immer wieder mit etwas Hühnerbrühe oder Wein begießen. In den letzten 10 Minuten zieht man die Speckscheiben herunter, damit die Küken schön knusprig und blond werden.*

# *Otto Ernst*
# »Einen Kirchturm von Apfelkuchen«

*Feuer und Fett kosteten etwas, damals, zur Zeit der schleswig-holsteinischen Kriege, in der Otto Ernst seinen Entwicklungsroman »Asmus Sempers Jugendland« beginnen läßt. »Die siebenköpfige Familie Semper, die später acht- und neunköpfig wurde, hatte meistens Fleisch zum Mittag, und zwar ein halbes Pfund. Das heißt: wenn der Vater Arbeit hatte. Hatte er keine, gab es zunächst, in der hoffnungsvolleren Zeit, Mehlklöße mit Pflaumen; später ging man zu Kaffee und Brot über, erst zu bezahltem Kaffee und Brot, dann zu geborgtem …« Weihnachten aber wurde – der Kinder wegen – gebacken, »als wenn Feuer und Fett nichts kosteten …«.*

Wochen hindurch hatte der kleine Semper ein Wort durch alle Räume klingen hören, mit dem er unzwingbare Dämmerreste einer Vorstellung vergeblich zu verbinden strebte und das ihn doch mit wundersamer Hoffnung und feierlichem Entzücken rührte. Die Geschwister taten heimlich gegen ihn und gegen einander; Ludwig der Vater sah seinen Asmus noch öfter als sonst mit lächelndem Schweigen an und glänzte dann mit seinen Sonnenaugen durchs Fenster in die Ferne hinaus; Mutter Rebekka blickte ihrem Zweitjüngsten mit vielversprechendem Zwinkern in die unschuldsoffenen Augen, und eines Abends stand sie gar am Herde und buk, als wenn Feuer und Fett nichts kosteten, einen Kirchturm von Apfelkuchen. All' ihr Blut war wieder oben im Kopfe; aber es tat nichts. Und wie noch die Geschwister miteinander plauderten und das eine von ihnen gerade sang:

»Vom Himmel hoch, da komm' ich her –«

da ging ganz von selbst die Tür auf und dann – dann war auf Erden nichts als Licht. Noch in späten Jahren, wenn Asmus Semper in die Vergangenheit zurückblickte, war dieser Weihnachtsabend nur ein einsames, strahlenumkränztes Licht, das aus der Dämmerung eines tiefverlorenen, tiefvergessenen Tales emporschimmerte. ☆

***Hamburger Apfelkuchen***
125 g Butter
80 g Zucker
4 Eidotter
2 Eier
250 g Mehl
½ l Milch
20 g Hefe
80 g Rosinen
50 g Äpfel
2 Eiweiß
1 TL Zitronenzucker
je 1 Messerspitze gemahlenen Zimt und Kardamom
etwas Rosenwasser
Zum Ausbacken:
Butterschmalz

*Die Butter mit dem Zucker schaumig rühren, die Eidotter und 2 ganze Eier, eines nach dem anderen, hinzugeben und rühren, bis sich der Zucker aufgelöst hat. Die Hefe in einem Schüsselchen zerkrümeln und mit etwas Zucker verrühren, bis sie schmilzt. Etwas lauwarme Milch dazugießen, diese Flüssigkeit mit dem Mehl, der Eicreme und der restlichen Milch verquirlen. Den Teig zudecken und etwas gehen lassen. Unterdessen die Rosinen waschen, die Äpfel schälen, vierteln und in Scheibchen schneiden. Den Eischnee von 2 Eiern mit dem Zitronenzucker (s. S. 107) steif schlagen, die Gewürze auf den Hefeteig streuen und den Eischnee, die Äpfel und die Rosinen unter den Teig heben. Nach Belieben etwas Rosenwasser dazugeben. In zwei Pfannen Butterschmalz heiß werden lassen, in jede Pfanne einen Löffel Teig geben und rasch auf beiden Seiten blond ausbacken. Die fertigen Apfelkuchen werden aufeinandergestapelt und warm gehalten, wenn man will, kann man jeden mit Zucker und Zimt bestreuen. Andere lieben eine dickgekochte Vanillesauce dazu.*

## *Antoon Coolen*

# »... und was der Gaumen alles an süßen, herrlichen Dingen schmeckt«

*Die Segelschiffe und die kühnen Entdecker der Niederländischen Handelsgesellschaft und die Kolonien in Niederländisch-Ost-Indien haben Holland, das Mutterland, reich gemacht. So feierten auch die Bauern die Jahresfeste so üppig, wie es nur ging und wie Coolen es genußvoll beschrieben hat. Diesen Seefahrern und Kaufleuten haben wir die Gewürze zu verdanken, die damals ihrer Aromakraft wegen allesamt Pfeffer hießen und die aus den gewöhnlichen Festgebäcken erst die klassischen Weihnachtsbäckereien und den ganz unverwechselbaren Weihnachtsduft haben entstehen lassen.*

Und dann dieser Nachmittag in seinem Hause! Er wußte selber nicht, wohin! Denn jetzt traten sie nicht mehr stumm bei ihm ein, jetzt polterten sie herein mit gewaltigem Lärm. Junge Frauen aus der Nachbarschaft waren gekommen, um zu helfen; drei, vier Mädchen standen an der Tür und wiesen den Kindern, all den Mädchen und Jungen, ihren Platz zu: Du dahin, du dahin und du dorthin, weitergehen und jeder gleich an seinen Platz! Die Holzschuhe klappern gewaltig. Das Drängen und Stampfen und Stoßen nimmt kein Ende. Vor der Schwelle liegt ein Rost zum Abstreichen der Füße, damit nicht der ganze Schnee hereingetragen wird. Die frierenden Kinder erglühen sogleich in der Wärme der überfüllten und lärmenden Küche. Man findet sich kaum noch zurecht, es ist, als wäre sie noch einmal so groß geworden, diese Küche. Von einer Wand zur andern erstrecken sich die langen Tische, mit blaugewürfeltem Tuch gedeckt, und in hellen, bunten Reihen die Teller und Tassen darauf, von überallher zusammengeholt und geliehen. Hoch und duftend prangen da in kurzen Abständen die stattlichen

Stapel der Butterbrote, Korinthenstullen mit goldbrauner Kruste, schneeweiß sind die Scheiben innen, rein wie eine Kinderseele, lokker und mürbe, so lecker voll und schwer! Wie greifen da die kleinen Hände zu, als es endlich heißt: »Na, dann fangt mal an!« Aus dem Hinterhaus kommt Anna, die Hebamme, eine ganz andere als alltags: Sie trägt ihre blutrote Korallenkette mit dem goldenen Schloß, aber über ihren Sonntagsstaat hat sie die Ärmelschürze gezogen, um bedienen zu können, und die goldenen Ohrringe hat sie auch angelegt! Sie lacht und nickt. Mit den Händen muß sie sich die Ohren zuhalten vor dem Lärm, vor diesem Brausen, dem hohen, hellen Geplapper und Geschrei, weil es nicht zum Aushalten ist. Der Schnee vor den Fenstern möchte wohl auch dabei sein, hier in dem warmen, fröhlichen Raum, wo die kleinen Hände jetzt die Butterbrote halten und die Mäulchen so gierig in die vollen Stullen beißen mit der fingerdicken Bauernbutter, die sie sonst im Leben nicht bekommen! Es riecht nach Balkenbrei und Schlackwurst, dieser köstliche Duft, der dem Hungrigen das Wasser im Munde zusammenlaufen läßt. Und da kommen sie aus dem Hinterhaus herein, die jungen Bauerntöchter aus der Nachbarschaft, mit Schalen und Schüsseln voll Balkenbrei, glühendheiß aus der Pfanne, noch brutzelnd und zischend mit der braunen, schwärzlichen, knusprigen Kruste. Nein, jetzt ist keines der Kinder mehr zu halten! Sie fliegen auf, als wären es ihrer noch mehr geworden, sie winken mit Tellern und Gabeln, schreien in einem einzigen gewaltigen gemeinsamen Schrei, der nicht enden will, so durchdringend, daß Lampe und Fensterscheiben erzittern. Und wie die Großen bald lachen müssen, wenn sie zwischen all den Händen ihre Schüsseln halten und die mächtigen Scheiben auf die hochgereckten Teller legen! Teller um Teller geht gefüllt sogleich wieder herunter, und wo die Kinder bedient worden sind, wird es ruhiger und stiller, doch bei allem Schmecken und Schmatzen und Knabbern kommen aus den vollen Mündern noch unverständliche Laute, um doch irgendwie zu bekunden, wie so ganz unsagbar herrlich es schmeckt! So essen sie mit Mund und Hand und

Augen, und auch mit der Seele, die ihren Anteil hat. Als sie fast fertig sind und mit dem Weißbrot über die Teller fahren, so daß es braun und fettig wird von den köstlichen Krumen, werfen sie schon einen hastigen Blick zur Seite, ob es wohl noch mehr gibt. Keine Angst, es gibt noch mehr! Es gibt immer noch mehr! Im Handumdrehen sind die Weißbrotstapel verschwunden. Im Handumdrehen erscheinen wieder neue Türme und Berge!

Ebenso rasch haben die Frauen die Last der großen Schüsseln verteilt, aber immer neue kommen hochbeladen aus dem Hinterhaus. Nein, jetzt essen sie schon ruhiger, wenn sie nicht um die Wette zu schlingen brauchen, um nicht zu kurz zu kommen.

Heute nimmt die Herrlichkeit kein Ende, es ist genug da, und es macht gar nichts aus, daß ein paar dreiste Buben, ärgerlich, weil sie nicht mehr können, einige Scheiben Balkenbrei in Papier wickeln und in ihren Kittel oder ihre Tasche stecken für später, wenn sie wieder Hunger danach bekommen. Und mit dem Balkenbrei und der Schlackwurst und der Bratwurst sind sie noch nicht fertig geworden, da kommen schon, lieber Himmel, die Reis- und die Pflaumenkuchen! Hat man denn jemals solche Kuchen gesehen? So viele und so große! Und keine Angst, daß jeder nur ein abgepaßtes Stück bekäme, man bekommt einen halben, einen ganzen, soviel man will. Und essen darf man mit den Fingern, ohne Gabel, darf so in die breiten Stücke hineinbeißen, daß die Ränder bis über die Ohren hinaufragen! Wie durch Butter gleiten die Zähne durch den Kuchen, durch den Vanillereis, und was der Gaumen alles an süßen, herrlichen Dingen schmeckt, ist nicht mit Worten zu sagen! Man hört denn auch nichts als ein unbestimmt jauchzendes Geräusch aus den vollgestopften Mäulchen. Eifrig schlucken sie alle, damit der Mund nur recht rasch frei und dann wieder voll wird. Und neuer Jubel klingt auf, als sie die Milchschokolade riechen die in dampfenden Kannen ankommt. Die Tassen werden bis zum Rand gefüllt, und sogleich zieht sich zitternd ein feingekräuseltes Häutchen darüber, so köstlich ist die Sahne! Und noch hört es nicht auf! Alles, aber auch alles gibt es im Hinterhaus: Äpfel und Apfelsinen,

Nüsse und Mandeln, Erdnüsse und Feigen und Datteln, Körbe und Schüsseln voll, du lieber Gott, diese irdische Küche ist wahrhaftig herrlicher als der Himmel mit seinem Reisbrei …

Irgendwo in einer Ecke, wo er am bequemsten und ohne viel Drängen einen Platz gefunden hatte, saß Kuunders, zwischen einem Jungen und einem Mädchen. Zuerst hatten sie ihn beide angeguckt, diesen großen Mann, der sich hier zwischen die Kinder setzte. Da sahen sie, daß er ein alter Mann war, der Junge aß sogleich dreist weiter, das Mädchen aber lächelte den alten Bauern an, ein wenig verlegen, doch so verständnisvoll, wie kleine Mädchen wohl alle Leute anlächeln können. Er aß, als würde er dafür bezahlt, sein Leben lang hatte er noch nicht so gegessen! Solche Kost nicht! Er kam mit den Kindern ins Gespräch. Er lachte wie sie. Er aß wie sie. Er legte die lästige Gabel beiseite und griff mit den Fingern zu. Nur als sie mit dem Kuchen kamen, sagte er: »Nein, gebt mir lieber noch ein Stück Balkenbrei!« Und er nahm von den vollen Schüsseln mit zitternden Händen und strahlenden Augen. Ihm wurde ganz warm dabei.

Als es dunkel geworden war und sie das Licht anzündeten, sah er sich erstaunt um in dieser fremden Umgebung. Er glaubte am Ende gar nicht mehr an seinem eigenen Tische zu sitzen. Vielleicht meinte er, bei diesen Kindern zu Gaste zu sein an deren Tisch, weil jetzt Weihnachten war, ein wirkliches und richtiges Weihnachten, mit Glocken, die er unter der Erde gehört hatte, und in einem so schönen und guten Hause, über das der Friede gekommen war und der Überfluß und der gute Wille, von dem geschrieben steht …

***Reis-Torte***

Für den Teig:
200 g Mehl
150 g Butter
½ TL Salz
2–3 EL Wasser
Suppenerbsen oder Kirschkerne

Für die Fülle:
200 g Reis
¾ l Sahne
6 Eier
100 g Zucker
2 Beutel gemahlene Gelatine

1 Glas Maraschino
2 EL Vanillezucker
½ Zitrone
Garnitur:
Makronen
Orangenschnitze oder
eingemachte Früchte
(Sauerkirschen, Pfirsiche)

*Aus den angegebenen Zutaten einen Mürbteig kneten. Zu einer Kugel formen und zugedeckt mindestens eine halbe Stunde in den Kühlschrank stellen. Dann auf dem bemehlten Backbrett ausrollen, eine Springform damit füttern und im mittelheißen Ofen, mittlere Schiene, blind backen. Dazu legt man den Tortenboden und vor allem den Rand mit Backtrennpapier aus und füllt Suppenerbsen ein, die man besonders zum Rand hin hoch aufschüttet. Das soll verhindern, daß der Rand des Teigs beim Backen zusammensackt und der Boden Blasen schlägt. Wenn der Teig blond gebacken ist, die Form aus dem Ofen nehmen, Erbsen und Papier entfernen und den Teig abkühlen lassen.*

*Unterdessen den Reis in leicht gesalzenem Wasser 5 Minuten blanchieren, in ein Sieb gießen und abtropfen lassen. Die Sahne in einem Topf heiß werden lassen, den blanchierten Reis hineinschütten, aufkochen und etwa 20 Minuten lang ausquellen lassen. Dann vermengt man den Sahnereis mit 6 verquirlten Eidottern, 100 g Zucker und der aufgelösten weißen Gelatine. Diese Mischung noch einmal heiß werden, aber nicht aufkochen lassen und kalt stellen. Dann den Maraschino unter den Reis heben und ebenfalls den Schnee von 2 Eiweiß, mit dem Vanillezucker und dem Saft aus einer halben Zitrone sehr steif geschlagen. Diese Reismasse wird in die gebackene Form gestrichen und für 2 Stunden kühl gestellt. Vorm Servieren garniert man sie mit Makronen und Orangenschnitzen oder gut abgetropften Kompottfrüchten wie eingemachten Sauerkirschen oder Pfirsichspalten.*

***Milchschokolade***

100 g Milch- oder Bitterschokolade
1 EL Zucker
⅛ l Sahne
½ l Milch

*Die Schokolade raspeln, mit Zucker und Sahne verrühren. Die Milch erhitzen, die Schokoladenmischung hineinrühren und auf schwacher Hitze zerschmelzen lassen. Die Milchschokolade durch ein Sieb in einen vorgewärmten Krug gießen.*

**Backpflaumenkuchen**

400 g Hefeteig
Für die Fülle:
250 g Backpflaumen
50 g Rosinen
100 g Walnüsse
50 g Honig oder Zucker
50 g flüssige Butter
Saft und abgeriebene Schale von 1 Zitrone
je 1 Prise gemahlener Zimt und Kardamom
1 Eidotter
½ Tasse Milch

*Den Hefeteig, wie auf S. 69 beschrieben, zubereiten, zwei Drittel des Teiges ausrollen und in eine große, gefettete Springform oder auf das Backblech legen. Einen Rand drücken. Das restliche Teigdrittel dünn ausrollen und zu Streifen schneiden. Für die Fülle die entsteinten Backpflaumen und die Rosinen, wenn nötig, in heißem Wasser quellen lassen, dann gut abtropfen und mit den Walnüssen fein wiegen. Mit Honig oder Zucker, Butter, Zitronenschale, Zitronensaft und Gewürzen vermengen, auf den Teigboden streichen und mit einem Teiggitter bedecken. Dieses mit einer Mischung aus Eidotter und Milch bepinseln, in den auf 180°C vorgeheizten Backofen schieben, mittlere Schiene, und eine knappe Stunde backen.*

**Korinthenstuten**
**(Klaben oder Klöben)**

500 g Mehl
40 g Hefe
etwa ¼ l Milch
80 g Zucker
150 g Butter
1 TL Salz
125 g Korinthen oder Rosinen
125 g gehackte Mandeln
100 g gehacktes Zitronat
nach Belieben 1 TL gemahlener Kardamom
zerlassene Butter zum Bepinseln

*Aus Mehl, Hefe, Milch, Zucker, Butter und Salz einen Hefeteig wie auf S. 69 arbeiten und nach dem Gehen auf die bemehlte Arbeitsfläche kippen. Kräftig durchkneten, dabei Korinthen, Mandeln, Zitronat und nach Belieben einen gestrichenen Teelöffel gemahlenen Kardamom einarbeiten, dann zu einem dicken Rechteck ausrollen und wie für einen Stollen (s. S. 64) übereinander-*

*klappen. Den Klaben oder Klöben auf ein gefettetes Backblech legen oder in eine mit Backtrennpapier ausgekleidete Kastenform und im auf 200°C vorgeheizten Ofen, unterste Schiene, eine gute Stunde backen. Den Klaben mehrere Male während des Backens mit flüssiger Butter bestreichen und zum Schluß auf jeden Fall die Hölzchenprobe machen.*

**Balkenbrei** *war ein Eintopf aus Schweinskopf, Blut und Fett, Buchweizenmehl, Korinthen und Rosinen und wurde in einem Kessel gekocht, der über dem offenen Feuer an einem Balken hing. Erkaltet, wurde er in Scheiben geschnitten und galt wie die Polenta als »Brot der Armen«.*

*Marie Luise Kaschnitz*

# »Mit all den Flüchtlingen im Haus und den Plätzchen aus Haferflocken …«

*Jedem der Älteren unter uns ginge es wohl so wie Marie Luise Kaschnitz: Wenn ein Mensch des 20. Jahrhunderts an die Weihnachten seines Lebens zurückdenkt, so sieht er im Spiegel dieser Feste die ungeheuren Spannungen und Veränderungen, die er miterlebt hat. Und er liest, in diesem Fall, mit Rührung: Haferkekse! Die sollten im Ersten und dann in den Hungerjahren nach dem Zweiten Weltkrieg die köstlichen Mandel-Makronen ersetzen, genauso wie kleine Kugeln aus durchgepreßten Pellkartoffeln plus ein paar Tropfen Bittermandelaroma Marzipankartoffeln ersetzten. »Du schmeckst den Unterschied nicht!« lautete der beschwörende Satz, mit dem die Illusion erhalten werden sollte, daß der Mensch Herr seiner Umstände sei. Kinder durchschauen so etwas, aber sie schweigen und freuen sich über das von den Eltern gebastelte Lebkuchenhaus, das seit dem Hexen-Knusperhäuschen in Engelbert Humperdincks Märchenoper »Hänsel und Gretel«, 1893 uraufgeführt, zum Repertoire der Weihnachtsgebäcke gehört.*

☆ Wie das war, Weihnachten in Königsberg, mit dem Kind im schwarzen Samtkleidchen und irischen Spitzenkragen, und der Assistent, der dunkelhaarige Ostpreuße, steckte die Kerzen an und machte eine Aufnahme mit Blitzlicht, die habe ich noch. Vorher sind Vater und Tochter mit der Elektrischen zur Kirche gefahren, in den Dom, der lag weit weg auf der Insel, und an den alten Kornspeichern und an vielen Christbäumen in hohen, schmalen Fenstern kamen sie vorbei. Und wie das war in B. mit all den Flüchtlingen im Haus und den Plätzchen aus Haferflocken, aber der riesigen Tanne in der Halle, damals wurden die Dorfkinder noch beschenkt und hinterließen kleine Pfützen auf dem Teppich, die schöne Aufregung gibt es nicht mehr.

Später wieder die üppigen Feste, die Kinder des Hauses vor hochbeladenen Tischen, die Weihnachtsgeschichte von den Buben auf deutsch, auf lateinisch, endlich auf griechisch vorgelesen. Das Glöckchen war noch immer das alte gläserne; einem zierlichen Napoleon griff man da um den Leib und läutete mit ihm das Christfest ein. Und wie das war in Rom, die langen Nachtwanderungen von den alten Parioli nach S. Maria Maggiore oder auf den Aventin, wo die Benediktiner sangen. Ein Jahrzehnt später im Auto von Krippe zu Krippe und zu Fuß durch die Glitzerstraßen auf den Festsaal Piazza di Spagna und die schöne Treppe hinauf. Hinaus auf die Via Cassia, aber vorher noch bei Costanza die Kerzen am winzigen Bäumchen angesteckt, und einmal ist mein Geschenk ein altmodischer Garderobenständer, an dessen schwarze Schnörkelarme Vittorio fünfzig rote und blaue Luftballons gebunden hat, die rühren sich, tanzen, knisternd in der warmen Luft. In der Via Cassia ist das Haus erfüllt vom Duft des Tacchino und von Kinderungeduld. Das Lebkuchenhaus, die Nachtarbeit der Eltern, hat die fette Hündin Polpetta gefressen, niemand ist ihr deswegen gram. Bald ist es wieder soweit, die Fernsehglocken läuten, so viele Weihnachtsabende, und warum eigentlich immer diese Angst, da es doch oft schön war, und es könnten, wären wir nur leicht, die Sprossen der Himmelsleiter auch halten, und wir könnten, wenn wir nur leicht wären, auch fröhlich sein. ☆

***Haferflockenplätzchen***

300 g Haferflocken
100 g Butter
150 g Zucker
2 Eier
50 g Mehl
1 TL Backpulver
2 EL Zimtzucker

*30 g Butter in einer großen Pfanne zerschleichen, aber nicht braun werden lassen, die Haferflocken und den Zimtzucker dazugeben, und die Haferflokken unter ständigem Umrühren auf schwächster Hitze etwas anrösten. Dann etwas abkühlen lassen, Zucker, Butter und Eier weiß schaumig rühren, die Haferflocken und das mit Backpulver vermischte Mehl daruntermengen. Ein Blech mit Backtrennpapier ausle-*

*gen, und mit zwei Teelöffeln kleine Haferteigkugeln formen und auf das Papier setzen. Nicht zu dicht setzen, denn sie gehen etwas auf und laufen gern auseinander. In den auf 180°C vorgeheizten Backofen schieben, mittlere Schiene, und etwa 20 Minuten backen.*

***Lebkuchenhaus***

200 g Butter
500 g Honig
250 g Zucker
2 EL Kakaopulver
1 Beutel gemischtes Pfefferkuchengewürz
1 kg Mehl
1 Beutel Backpulver
1 Prise Salz
2 Eier
Zuckerguß:
2 Eiweiß, knapp 500 g Puderzucker, eventuell Speisefarbe

*Butter, Honig, Zucker, Kakaopulver und Pfefferkuchengewürz in einen Topf geben und auf mittlerer Hitze schmelzen lassen, bis sich der Zucker aufgelöst hat. Dabei ständig umrühren und danach abkühlen lassen. Unterdessen Mehl, Backpulver und Salz in einer Schüssel vermengen, die abgekühlte Honigmasse und die beiden leicht geschlagenen Eier dazugeben. Alles zu einem glatten Teig verrühren und verkneten. Über Nacht oder mindestens eine Stunde zugedeckt im Kühlen rasten lassen. Dann wird der Teig auf der bemehlten Backfläche etwa ½ cm dick ausgerollt. Ein Backblech mit Backpapier ausfüttern, den Teig darauflegen und im auf 200°C vorgeheizten Ofen etwa 10 Minuten backen. Den fertigen Teig vom Backblech ziehen und erkalten lassen.*
*Danach Schablonen aus dünner Pappe oder aus Papier schneiden: Gibt man dem Lebkuchenhaus eine Grundfläche von 15 x 20 cm, eine Wandhöhe von etwa 10 cm und eine Giebelhöhe von etwa 20 cm, so ergibt sich die Form für das Dach, und man kann die betreffenden Hausteile aus dem abgekühlten Teig schneiden. Aus dem restlichen Teig schneidet man Figuren, die Hexe, Hänsel und Gretel, den Hexenzaun u. s. w Alles mit Zuckerguß, Liebesperlen, Mandeln und ähnlichem verzieren, und die Hausteile mit Zuckerguß zusammenkleben.*
*Zuckerguß: Das Eiweiß steif schlagen und mit dem Puderzucker zusammen verrühren. Den Zuckerguß in kleine Papiertüten füllen, die Spitze der Tüten sehr knapp abschneiden und die Tüte dann wie einen Federhalter benutzen.*

Borschtsch, Bigos & Bûche de Noël
Weihnachtsdiners
von allen Enden der Welt

# *Lord Dunsaney*
# »Und dann begann das Essen wieder von vorn ...«

*Lord Dunsaneys Weihnachtsdinner ist die klassische Festmahlzeit der eleganten englischen Gesellschaft auf dem Lande, die über Haus- und Gästezimmer, eine Köchin und einen Weinkeller verfügte und deren heitere Contenance von keinen häuslichen Katastrophen erschüttert werden konnte, nicht einmal Weihnachten. Die Moral dieser Geschichte von der Vergeßlichkeit: Nur wenn man sich so in der Hand hat wie die Familie Dunsaney, kann man auch die gewichtigsten Traditionen zelebrieren und – überstehen.*

Die schwerste Arbeit in meinem Leben? fragte der ältere Ingenieur. Ich habe Sümpfe untertunnelt und an den ungewöhnlichsten Orten Straßen gebaut. Aber das wirkliche Problem sind die Grenzen. Die Grenzen sind es, von denen alles abhängt. Die schwerste Arbeit, die ich jemals gemacht habe, das war an einem Weihnachtsabend vor vielen, vielen Jahren. Damals war ich natürlich noch jünger, sonst wäre es überhaupt nicht möglich gewesen. Aber seinerzeit habe ich es geschafft. Ich will Ihnen erzählen, worum es ging. Ich verbrachte die Weihnachtstage bei alten Freunden, die auf dem Land lebten. Es gab keine Party. Es waren nur meine beiden Freunde da und ihre Tochter, die auf die Sechzehn zuging. Ich glaube, im folgenden Jahr sollte sie in die Gesellschaft eingeführt werden. Wir hatten früh gegessen, wie sie es immer taten, wenn sie allein waren. Und weil ich ihr einziger Gast war, sahen sie sich nicht veranlaßt, daran etwas zu ändern. Um sieben Uhr abends setzten wir uns zu Tisch. Ich kann mich noch genau erinnern, was es gab, denn ich werde es wohl mein Lebtag nicht vergessen. Meine Gastgeberin gehörte zu jenen brillanten Geistern, die sich nicht übermäßig mit Alltäglichkeiten abgeben, und wenn sie es doch einmal eine kurze Zeit lang tun müssen, vergessen sie es schnell wieder. Die Speiseplanung überließ sie deshalb immer ganz der Köchin. Und da sie eine ausgezeichnete Köchin hatten, gab es daran auch gar nichts auszusetzen. Ganz im Gegenteil – man konnte sicher sein, daß diese Köchin nichts vergessen würde, was immer Alice Etherington auch tun mochte. Und Jack Etherington, mein Gastgeber, wußte ein gutes Essen sehr wohl zu schätzen. Was es an diesem Abend gab, war ganz sicher ein gutes Essen. Ich kann mich erinnern, daß es mit Schildkrötensuppe losging, dann gab es irgendeinen Fisch. Danach ein Entree, zu dem ein leichter Wein gereicht wurde. Als nächstes kam der Braten, ein Hammelrücken, zu dem sie Champagner servierten. Und danach – denn schließlich war Weihnachten – gab es Truthahn, natürlich mit all den üblichen Beilagen, wozu auch Würstchen gehörten. Zum Dessert dann Plumpudding und ein oder zwei Mincepies. Und zum Abschluß eine pikante Nachspeise. Während Jack und ich noch bei einem Glas Portwein und ein paar gesalzenen Mandeln saßen, gingen meine Gastgeberin und ihre Tochter in den Salon hinüber. Da läutete es plötzlich an der Tür, und Jack fragte den Butler, was denn los sei. Es stellte sich heraus, daß der Pfarrer gekommen war, um seine Aufwartung zu machen.

»Ach, ja«, sagte Jack. »Es wird sich um den verdammten Basar handeln. Alice hat schon die ganze Zeit versucht, ihm aus dem Weg zu gehen, aber jetzt hat er uns doch erwischt. Wir werden ein paar Preise stiften müssen. Und dann soll sie wohl die Veranstaltung eröffnen und ich eine Rede halten. Nun denn, das ist Kismet.«

»Warum kommt der denn so spät vorbei?« fragte ich.

»Oh, er ist den ganzen Tag mit irgend etwas beschäftigt«, sagte Jack. »Er kann einfach keine Ruhe geben. Er ist der Fluch unser aller Leben hier. Wahrscheinlich hatte er keine Zeit, früher vorbeizukommen.«

Dann gingen wir in den Salon, wo Alice sich mit dem Pfarrer unterhielt. Ein eigenartiger Ausdruck stand ihr im Gesicht geschrieben. Sie redeten nicht über den Basar, sie sprachen über das Wetter. Ich wurde vorgestellt, und Jack fiel in die Unterhaltung ein. Wir bemerkten, daß der Pfarrer Abendkleidung trug, aber genauso wie Jack nahm ich an, daß er ebenfalls früh gespeist hatte. Schließlich erhob sich Jack und ging zu seinem Schreibtisch hinüber. Als er wieder zurückkam, fragte er den Pfarrer, ob er ihm ein Bild weiter hinten im Salon zeigen dürfe, da er gern seine Meinung dazu hören würde. Als die beiden sich von uns abwandten, ließ Jack einen Umschlag auf die Lehne von Alices Sessel gleiten. »Er muß zum Essen gekommen sein«, war darauf zu lesen. Und dann sagte Alice: »Ich habe ihn eingeladen!«

Mir fehlten die Worte, während sie fortfuhr: »Ich habe ihn eingeladen. Mündlich! Und dann hab' ich's vergessen. Er hatte mich wegen des Basars in die Enge getrieben, und ich mußte irgend etwas sagen. Also habe ich ihn gebeten, heute abend um acht zum Essen zu kommen. Was sollen wir jetzt machen?«

Auch dazu fiel mir nichts ein.

Doch Alice mochte vielleicht vergeßlich sein, phantasielos war sie nicht. Die Erstarrung wich bald von ihr, und als sie wieder zu reden begann, klang es deutlich und entschlossen. »Wir müssen das ganze Essen wiederholen«, sagte sie. »Lucy, geh bitte und sag in der Küche Bescheid. Und außerdem, Lucy, du wirst neben ihm sitzen. Du mußt jeden einzelnen Gang mitessen.«

»Wie wunderbar«, sagte Lucy, und schon war sie in der Küche verschwunden. Dann wandte sich Alice an mich.

»Dich werde ich an seine andere Seite setzen«, sagte sie. »Ich werde so tun, als würde ich essen, und Jack wird auch so tun. Er kann wirklich keinen Bissen mehr hinunterbringen, es wäre sein Tod.«

»Ich kann ganz gut schauspielern«, sagte ich. »Ich werde mein Bestes geben und so tun, als äße ich.«

»Nein, nein«, sagte sie. »Wir können nicht alle so tun als ob. Wenn du nur so tust, als würdest du essen, wird er aufschauen und merken, was hier vorgeht. Du und Lucy, ihr müßt richtig essen. Ihr beide sitzt neben ihm. Ihm gegenüber am Tisch werden drei leere Stühle stehen. Freunde, die aus London kommen wollten und es wohl nicht mehr geschafft haben. Ich werde Lucy ausrichten,

es so zu arrangieren. Und ihr müßt essen!«
»Guter Gott«, sagte ich.
Alice sagte nichts.
»Und außerdem bin ich Antialkoholiker«, warf ich ein.
»Das ist ja das Allerneueste«, sagte Alice.
»Irgendwann muß man damit anfangen«, sagte ich, »und ich habe soeben den Vorsatz gefaßt. Kein Pfarrer der Welt kann etwas einzuwenden haben.«
In dieser Beziehung mußte Alice nachgeben, aber was das Essen anging, blieb sie hart. Und zwar über jeden einzelnen Gang. Als Jack und der Pfarrer von dem Bild zurücktraten, sagte sie ganz einfach und ohne irgendeinen Unterton zu Jack: »Ich befürchte, die Madge-Collinsons kommen nicht mehr. Gerade habe ich Lucy in die Küche geschickt, damit sie dort ausrichtet, daß wir nicht länger auf sie warten wollen. Ich will auch gehen und ihnen sagen, daß sie die Stühle ruhig stehenlassen sollen, um das Essen nicht noch länger zu verzögern.«
Zum Pfarrer sagte sie: »Wir haben noch drei Freunde erwartet, aber sie sind leider nicht gekommen. Ich befürchte, wir werden uns mit dem Essen um fünf Minuten verspäten.«
Das war alles.
Und dann begann das Essen wieder von vorn. Lucy hat es sehr genossen.

***Hammelrücken***

1 kg Lammrücken
Salz
1–2 EL Olivenöl
Kräuter
1 Tasse Fleischbrühe
Speckscheiben

*Heute verwendet man den Lammrükken, ein Stück von etwa 1 kg. Waschen, salzen, mit Olivenöl und gemahlenen Kräutern einreiben, mit der Knochenseite nach unten in einen Bräter legen, nach Belieben eine Tasse heiße Fleischbrühe dazugießen. Den Lammrücken mit sehr dünnen Speckscheiben zudekken, in den auf 220°C vorgeheizten Ofen schieben, 15 Minuten braten, dann die Hitze auf 160°C hinunterschalten und weitere 15–20 Minuten braten. Wer sichergehen will, steckt ein Brat-Thermometer neben den Knochen in den Lammrücken und brät ihn, bis das Thermometer eine Kerntemperatur von 80°C erreicht hat. Dann das*

*Fleisch aus dem Bräter nehmen, in Alufolie einwickeln, auf den Rost im abgeschalteten, offenen Ofen legen und aus dem Bratfond eine Sauce kochen. Das Fleisch wird gern ausgelöst, in Scheiben geschnitten und wieder auf die Knochen gelegt, so daß der vollständige Braten serviert werden kann.*

***Mince Pie***

250 g Mehl
1 Prise Salz
175 g Schmalz oder Backmargarine
1 Dose Mince meat

*Mehl, Salz und Fettflöckchen zwischen den Händen fein verreiben und mit etwas Wasser zu einem Teig verkneten. An einem kühlen Ort eine Stunde ruhen lassen. Dann dünn ausrollen, Tortenförmchen damit ausfüttern, mit dem Mince meat füllen und mit einem Teigdeckel verschließen. Mit Wasser bestreichen, etwas Zucker darauf streuen und etwa 30 Minuten bei mittlerer Hitze backen. Mince Pies schmecken auch aufgewärmt gut.*

*Wer Mince meat selber herstellen möchte: 500 g saure Äpfel schälen und kleinschneiden, 250 g Rosinen, 250 g Weinbeeren, 750 g fein gewiegtes Rinderfett, 750 g Zucker, je 50 g kandierte Orangen- und Zitronenschalen, Saft und geriebene Schale einer Zitrone, ½ EL geriebene Muskatnuß, ⅛ l Cognac mischen und zwei bis drei Wochen kühl aufbewahren. Dann erst verwenden. Reicht ca. für die vierfache Teigmenge.*

**Truthahn** *siehe S. 116, 31*
**Plumpudding** *siehe S. 52*

What Child is this, Who laid to rest,
On Mary's lap is sleeping?
Whom angels greet with anthems sweet,
While shepherds watch are keeping?
This, this is Christ the King,
Whom shepherds guard and angels sing:
Haste, haste to bring Him laud,
The Babe, the Son of Mary!

Why lies He in such mean estate,
Where ox and ass are feeding?
Good Christian, fear: for sinners here
The silent Word is pleading:
Nails, spear, shall pierce Him through,
The Cross be borne, for me, for you:
Hail, hail the Word made flesh,
The Babe, the Son of Mary!

So bring Him incense, gold and myrrh,
Come peasant, king, to own Him,
The King of kings salvation brings,
Let loving hearts anthrone Him.
Raise, raise the song an high,
The Virgin sings her lullaby:
Joy, joy for Christ is born,
The Babe, the Son of Mary!

## *Heinrich Federer*
## »Es duftete nach Kastanien ...«

*Weihnachten überall: Für den Schweizer Heinrich Federer gehören die heißen Marroni dazu, die sich die Zürcher Damen in den Muff und die Kinder in die Jakkentaschen steckten und sich die Hände daran wärmten, während sie über den Weihnachtsmarkt bummelten und von Zeit zu Zeit eine der heißen, süßen, mehligen Früchte aßen. Hier aber, in den wilden Abruzzen, tief im Süden Italiens, werden die Kastanien in der Glut des offenen Reisigfeuers geröstet, auf dem die Polenta kocht. Der Winter ist nicht so lang, das Leben ist leichter, und wenn man es ganz festlich machen will, so gibt es zur Polenta einen gebratenen Hahn, der das Jahr darstellt, und der Maisbrei ist umkränzt von zwölf kleinen Würsten, die die zwölf Monate symbolisieren.*

Das sonderbare Musizieren wurde nun lebhafter, Ignazio lächelte zufrieden in den Nebel hinein, Lätizia klapperte rascher auf ihren Holzsohlen ... was gibt es? Manchmal näherte sich etwas Dunkles rechts oder links oder geradewegs von vorne. Wallte der Nebel ein wenig auseinander, so war das Bergwand und immer nur Bergwand. Aber nun zeigte sich etwas Weißeres als der Nebel unter uns, kam zu uns herauf, fing uns auf: die große schöne Paßstraße. Und was war nun das? Der Nebel rötete sich, es duftete nach Kastanien ... ach, Zürcher Nebel, dunkler Dezember, die Forchstraße hinunter zum Kreuzplatz, die Bretterbude, der Tschingg, Marroni, heiße Marroni!...

Nein, das war mehr. Da lagen in feuchten, lehmbraunen Jacken und umwickelten Hosen sieben oder acht Männer, die sich gewiß den ganzen Advent nie gewaschen hatten. Ein Kessel hing über dem Reisigfeuer. Auf hölzerne Teller schmissen sie die eigelbe Polenta, und aus ledernen Schläuchen, wie mir schien, tranken sie den Wein dazu und zwischenhinein scharrte man Kastanien aus den Gluten und warf sie einander zu. Der Älteste mit einem verworrenen, wahrhaften Abruzzenbarte klimperte ernst auf einer Schlagzither, gab, als wir nahetraten, ein Zeichen, und im sagenhaften Gemisch von Lagerrauch und Nebel und den dazwischen hüpfenden Funken tanzte nun eine Musik aus Pfeifen, Dudelsäcken und Zithern empor, die mich an die Urzeiten der Nomaden erinnerte, so fremd und doch so menschlich scholl es, sehnsüchtig und blutig, einmal schwermütig wie die Nacht und dann wieder blitzend von jeder Frechheit des Tages. Besonders ein Silbertrompetlein, das ein unbärtiger Junge mit gewaltigem Geloder der schwarzen Augen und mit zernagten, brandigen Lippen blies, blendete geradezu. Mochten die Säcke brummen, so tief sie wollten, dieses freche Metall trillerte so hoch und grell über alles Schwere hinaus, daß einem die Ohren vom Jubel wehtaten. ☆

**_Heiße Marroni_**

*Man schneidet die Kastanien bis auf eine oder zwei auf der flachen Seite über Kreuz ein. Früher hat man sie in einer durchlöcherten Pfanne über starkem Reisigfeuer geröstet, bis die Schalen der unaufgeschnittenen Früchte krachend aufsprangen.*

*Heute legt man die über Kreuz eingeschnittenen Kastanien auf das Backblech, schiebt es in den auf 200°C vorgeheizten Ofen. Nach 15–20 Minuten sind sie aufgeplatzt, nach 30–40 Minuten sind sie gar und können aus der Schale gepult und gegessen werden.*

**_Polenta_**

250 g Maisgrieß
¾ l Wasser (oder ⅜ l Wasser und ⅜ l Milch)
½ TL Salz
1–2 EL Butter oder Olivenöl
1 Messerspitze frisch gemahlene Muskatnuß
2 EL geriebener Parmesan

*Das Salzwasser (oder halb Wasser, halb Milch) aufkochen lassen, den Maisgrieß unter ständigem Rühren einrieseln und mit Butter oder Olivenöl und Muskat weiterkochen lassen. Die Polenta muß 30 Minuten lang ständig gerührt wer-*

*den, klassischerweise mit einem Holzlöffel, und je länger sie kocht, desto steifer wird der Brei. Nach 30 Minuten füllt man die Polenta in eine Schüssel und begießt sie nach Belieben mit heißer brauner Butter oder mit Tomatensauce oder mit kroß gebratenen Zwiebelringen. Auf jeden Fall wird sie mit Parmesan bestreut.*

*Polenta-Scheiben: Der feste Brei wird zu einer Kugel geformt, auf ein Brett gelegt und in Scheiben geschnitten, üblicherweise mit einem starken Faden Küchenzwirn oder mit einem dünnen sauberen Bindfaden. Diese Scheiben werden auf eine vorgewärmte Platte gelegt und mit heißer Butter begossen.*

*Frédéric Mistral*

# »Feierlich erschienen auf dem weißen Tischtuch nacheinander die Weihnachtsgerichte …«

*Das Weihnachtsscheit, der Baumstamm, den Frédéric Mistral erwähnt, spielte in England und Frankreich eine große Rolle. Das Holz wurde sorgfältig und lange vor dem Fest ausgesucht, feierlich ins Haus getragen und von Vorübergehenden ebenso feierlich gegrüßt. Manchmal schmückte man es mit einem Stechapfel oder einem Tannenzweig, und wenn es am Heiligen Abend angezündet wurde, so sollte es Tag und Nacht brennen, alle zwölf Rauhnächte hindurch. Mit verschiedenen Rezepten versuchte man, das Weihnachtsscheit nachzuahmen. Eines der leckersten steht unten. Die weihnachtliche Mittelmeerküche ist ganz anders als die im nördlichen Europa, vor allem so reich an köstlichen Fischen und Gemüsearten, wie es Land und Meer möglich machen und wie es jeder liebt, der Gänsebraten und Rotkohl einmal durch etwas anderes ersetzen möchte.*

Für meinen Vater, der an den alten Bräuchen festhielt, war der Weihnachtsabend das große Fest. An diesem Tage spannten die Knechte die Ackergäule früher aus als sonst; meine Mutter gab jedem einen in Öl gebackenen, in eine Serviette geschlagenen schönen Fladen, eine Scheibe Mandelnougat, eine Handvoll Feigen, selbstgemachten Schafskäse, Sellerie für Salat und eine Flasche Wein, der im Herbst gekeltert worden war. Die Dienstleute begaben sich dahin und dorthin, ein jeder zu seinem Wohnort, um im eigenen Haus das Weihnachtsscheit anzuzünden. Auf unserem Hof blieben nur die armen Teufel zurück, die keine Familie hatten. Mitunter kamen gegen Abend noch Verwandte, etwa ein alter Junggeselle. »Fröhliche Weihnachten, Gevatter!« riefen sie. »Wir sind gekommen, um das Weihnachtsscheit mit euch zusammen anzuzünden.«

Dann zogen wir gemeinsam frohgemut aus, das Weihnachtsscheit zu holen; es mußte – so wollte es der Brauch – der Stamm eines Obstbaumes sein. Wir trugen es in einer Reihe zum Hof, der Älteste am einen Ende, ich, der Jüngere, am andern. Dreimal machten wir in der Küche mit dem Baumstamm die Runde. Hierauf goß mein Vater vor dem Kamin feierlich ein Glas Wein über das Weihnachtsscheit und sprach:

»Freut euch, freut euch,
meine Kinder!
Möge Gott uns Freude schenken!
Mit der Weihnacht wird alles gut:
Gott sei und gnädig,
Auf daß wir das nächste Jahr erleben,
Und daß wir, wenn auch nicht mehr an Zahl,
So doch nicht weniger sein werden.«

Während wir alle riefen: »Freude, Freude, Freude ...« wurde der Baumstamm auf die großen Feuerböcke gelegt, und sobald die erste Flamme emporzüngelte, bekreuzigte sich mein Vater und sagte: »Heiliges Scheit, nähre das Feuer!«
Danach setzten wir uns alle zu Tisch. Oh, dieses heilige Mahl, wahrhaftig heilig, da die ganze Familie friedlich und glücklich um den Tisch saß. Statt der römischen Lampe, die an einem dicken Schilfrohr hing und uns das ganze Jahr hindurch mit ihrem Öl Helligkeit gab, strahlten an diesem Abend drei Kerzen auf dem Tisch; wenn ihr Docht sich zum einen oder anderen hinneigte, galt es als ein schlimmes Vorzeichen. An beiden Tischenden grünten in einem Teller die Weizenkörner, die wir am Tag der heiligen Barbara, am vierten Dezember, zum Keimen in Wasser gelegt hatten. Feierlich erschienen auf dem weißen Tischtuch nacheinander die Weihnachtsgerichte: Schnecken, die jeder mit einem langen Nagel aus dem Gehäuse hervorholte; gebackener Dorsch und Meeräsche mit Oliven; Artischocken und Sellerie mit Pfeffer; und danach alle die Süßigkeiten, die es nur an diesem Tag gab: in Öl gebackene flache Kuchen, getrocknete Weinbeeren, Mandelnougat, Bratäpfel und vor allem das große Weihnachtsbrot, von dem nach frommem Brauch nicht gegessen wurde, bevor der erste Arme, der vorbeikam, ein Viertel erhalten hatte.

Bis zur Mitternachtsmesse war der Abend lang, und man erzählte sich am Feuer viel von den Vorfahren und pries ihre Taten. Allmählich, doch wie gern, kam mein Vater dann auf seine Erlebnisse in Spanien zu sprechen und auf die Belagerung von Figueras. ☆

***Gebackener Dorsch***

1 kg Dorsch (Schwanzstück)
1 EL Zitronensaft
Salz
Pfeffer
6 EL Olivenöl
3 Tomaten
2 Schalotten
3 Knoblauchzehen
ein paar schwarze und grüne Oliven, entkernt
2 Sardellenfilets
1 Zweig Thymian
Basilikumblätter
1 Zweig Oregano
¼ l Fischfond nach Belieben

*Dorsch heißt der junge Kabeljau, der besonders zart ist. Das Fischstück waschen, trocken tupfen, mit Zitronensaft beträufeln, salzen und pfeffern.*
*3 EL Olivenöl in einer Gratinform auf dem Herd heiß werden lassen, die kleingeschnittenen Tomaten, Schalotten, Knoblauchzehen, Oliven, Sardellen und Kräuter hineingeben und kurz andünsten. Den Fisch aufs Gemüse legen, mit den restlichen 3 EL Olivenöl bestreichen. In den auf 220°C vorgeheizten Ofen schieben, mittlere Schiene, und 10 Minuten backen lassen. Dann mit einem Stück Alufolie bedekken, weitere 15–20 Minuten backen.*

***Gedünstete Artischocken***

8 kleine violette Artischocken
100 g Speck
1 große Zwiebel
3 Knoblauchzehen
3 EL Olivenöl
1 Glas Weißwein
1–2 Messerspitzen Rosmarin
grobes Salz
Pfefferkörner
Oregano oder Thymian

*Die Artischocken bis aufs Herz schälen, halbieren oder würfeln und mit Zwiebel, Knoblauchzehen und Speck, alles gewürfelt, im heißen Öl dünsten. Nach Belieben mit Oregano oder Thymian würzen, Salz, Pfefferkörner und Rosmarin im Mörser zerkleinern, dazugeben und alles mit Weißwein begießen. Etwa 20 Minuten leise garen lassen.*

**Sellerie in Sahne**

3 Bund Stauden- oder Bleichsellerie
Salz
1 EL Butter
1 Zitrone
¼ l Sahne
3 Eidotter
½ TL Selleriesalz
Pfeffer
1 Prise Zucker

*Die Selleriestauden putzen, die Stangen in daumenlange Stücke schneiden und in Salzwasser mit Zitronensaft weich kochen. Abgießen, auf einem Küchentuch nachtrocknen. Die Sahne mit Eidottern und Gewürzen verquirlen, das Gemüse wieder in die Kasserolle schütten, die Sahne dazugießen und auf schwacher Hitze alles verrühren, bis die Sauce dick wird. Nach Belieben mit frisch geriebenem Parmesan bestreuen oder in einem Kranz geschmorter Tomaten anrichten.*

**Mandelpolster**

80 g Butter
60 g Zucker
1 EL Vanillezucker
2 Eier
⅛ l saure Sahne
375 g Mehl
1 gestrichener TL Backpulver
125 g geriebene Mandeln
1 Gläschen Rum oder 1 Prise Zimt
Ausbackfett
Puderzucker oder Zimtzucker

*Aus allen Zutaten einen Teig kneten, im Kühlschrank eine halbe Stunde ruhen lassen, dann auf dem bemehlten Backbrett nicht zu dünn ausrollen, zu Rechtecken radeln und im heißen Fett von beiden Seiten golden backen. Auf Küchenkrepp abtropfen lassen, mit Puderzucker oder mit Zimtzucker bestäuben und frisch essen.*

**Bratäpfel**

4 gleich große Äpfel (Boskop oder Cox Orange)
Saft einer Zitrone
3 EL gehackte Nüsse oder Mandeln
1 EL Pinienkerne
2 EL kernlose Rosinen
1 Messerspitze gemahlene Gewürznelken oder Kardamom
1–2 EL Vanillezucker
1 TL abgeriebene Orangenschale
2 EL Orangenlikör
40 g Butter oder Margarine

*Die Äpfel waschen, das Kerngehäuse ausstechen und zusätzlich leicht aus-*

*höhlen. Die Äpfel innen mit Zitronensaft beträufeln. Damit die Apfelschale nicht platzt, wird sie vorm Backen mit etwas flüssiger Butter eingepinselt oder schräg ein paarmal mit einem spitzen Messer eingeritzt. Die Nüsse oder Mandeln mit den Pinienkernen, eingeweichten Rosinen, Gewürznelken oder Kardamom und Vanillezucker, Orangenschale und Likör mischen. Die Äpfel damit füllen. Dann eine flache Auflaufform leicht ausfetten oder – wenn man das Rezept verdrei- oder vervierfacht – das Backblech fetten oder mit Backpapier belegen. Die Äpfel in die Form oder auf das Backblech legen, mit kleinen Fettflöckchen besetzen und in den auf 220°C vorgeheizten Backofen schieben. Die Äpfel auf der mittleren Schiene je nach Sorte und Größe 20–30 Minuten schmoren lassen. Falls sie oben zu stark bräunen, mit einem Stück Aluminiumfolie zudecken.*
*Bratäpfel werden so oder mit einer Vanillesauce serviert. Man kann auch Schlagsahne dazu reichen.*

***Weihnachtsbrot***
500 g Mehl
20 g Hefe
etwa ¼ l Orangenblütenwasser
150 g Zucker
100 g Olivenöl
1 Prise Salz
1 EL Zitronen- und Orangenzucker

*Zitronenzucker: Zu Beginn der Weihnachtsbäckerei kauft man sich ein paar unbehandelte Zitronen, reibt die Schale dünn ab, mischt diese mit feinem Zukker und drückt diesen Zitronenzucker fest in ein Marmeladenglas. Im Kühlschrank mindestens eine Woche ziehen lassen. Das Öl aus der Zitronenschale mischt sich mit dem Zucker, und immer wenn man Zitronenaroma braucht, nimmt man sich einen Löffel von dieser Mischung.*
*Orangenzucker: Wird ebenso zubereitet und verwendet.*
*Für das Weihnachtsbrot einen Hefeteig arbeiten (s. S. 69), wobei die Hefe mit Zucker und etwas lauwarmem Orangenblütenwasser verrührt wird. Den gegangenen Teig auf der bemehlten Arbeitsfläche ausrollen, zu handgroßen und handdicken kleinen Broten ausradeln und auf gefettete Backbleche legen. Jedes kleine Brot schräg einkerben, alle noch einmal etwa 20 Minuten gehen lassen und dann im auf 180–200°C vorgeheizten Ofen, mittlere Schiene, eine knappe halbe Stunde backen lassen.*

**Bûche de Noël**

Für den Biskuitteig:
4 Eier
4 EL kaltes Wasser
200 g Zucker
1 Beutel Vanillezucker
80 g Speisestärke
80 g Mehl
1 gestrichener TL Backpulver
Für die Fülle:
250 g Aprikosenmarmelade glatt gerührt
Für die Hülle:
Couvertüre (oder Schokoladenbuttercreme) oder 3 Eiweiß und 150 g Puderzucker

*4 Eiweiß mit 4 EL kaltem Wasser mit dem Schneebesen steif schlagen, Zucker und Vanillezucker unter Weiterschlagen einrieseln lassen, ein Eidotter nach dem andern leicht und langsam unter den Eiweißschnee ziehen und dann Speisestärke und Mehl, mit dem Backpulver gut vermischt, darunterheben. Die Biskuitmasse auf ein mit gefettetem Pergamentpapier oder Backtrennpapier ausgelegtes Backblech streichen und 12–15 Minuten im auf 200–225°C vorgeheizten Ofen backen. Die Biskuitplatte dann auf ein sauberes Küchentuch stürzen, das Papier abziehen, die Ränder der Platte flachdrücken, damit sie sich besser rollen läßt. Sie wird mit der gut verrührten Aprikosenmarmelade bestrichen und mit Hilfe des Küchentuchs zur Roulade, zum Baumstamm gerollt. Abkühlen lassen.*

*Den Baumstamm kann man auf zweierlei Art und Weise zurechtmachen: Man bestreicht ihn mit zerlassener Couvertüre oder mit einer Schokoladenbuttercreme und zieht mit der Gabel Rillen, so daß die braune Masse wie Borke aussieht. Oder man schlägt die drei Eiweiß steif, läßt 150 g Puderzucker hineinrieseln, streicht diese Masse auf die Biskuitrolle und schiebt sie in einen mittelheißen Ofen. Zehn Minuten bei schwacher Hitze auf der obersten Schiene backen, damit sich die Ränder und Spitzen des Eischnees braun wie eine Rinde färben.*

*Dieses gebackene Weihnachtsscheit soll einem Baumstamm möglichst ähnlich sehen. Deshalb wird der Stamm nicht nur mit Schnee oder Borke dekoriert, sondern mit Tannenzweigen, Ilex mit roten Beeren oder einer Ranke Efeu besteckt.*

Les anges dans nos campagnes,
ont entonné l'hymne des cieux,
et l'écho de nos montagnes
redit ce chant mélodieux:
Gloria in excelsis Deo!

Bergers, pour qui cette fête?
Quel est l'objet de tous ces chants?
Quel vainqueur, quelle conquête
Méritent ces chœurs triomphants?
Gloria in excelsis Deo!

Ils annoncent la naissance
Du saint Rédemteur d'Israël
Et, plains de reconnaissance,
Chantent dans ce jour solennel:
Gloria in excelsis Deo!

Have yourself a merry little Christmas.
Let your heart be light,
Next year all our troubles
Will be out of sight.

Have yourself a merry little Christmas,
Make the Yule-tide gay,
Next year all our troubles
Will be miles away.

Once again as in olden days,
Happy golden days of yore,
Faithful friends who are dear to us
Will be near to us once more.

Some day soon
We all will be together
If the Fates allow
Until then we'll have
To muddle through somehow
So have yourself
A merry little Christmas now.

# *Nancy Hale*
# »Trink einen Schluck Eierpunsch«

*Der nordamerikanische Bundesstaat Virginia ist die Heimat des berühmten Schinkens, der von mit Kastanien gemästeten Schweinen stammt und der mit Honig, braunem Zucker oder Sirup glasiert wird. Er wurde schon von den ersten Siedlern im 17. Jahrhundert nach New England exportiert, und Queen Victoria ließ sich 250 Jahre später pro Woche sechs Virginia-Schinken nach England schicken, in das Land, aus dem die Sitte stammt, den Schinken auf den weihnachtlichen Eßtisch zu stellen. Er ist der zahme und vermutlich wesentlich zartere und schmackhaftere Nachfahr des keltischen Opfertiers, des Ebers, dessen wildes Haupt im Mittelalter im Triumph zum Festessen aufgetragen wurde.*

Lewis saß in der Küche auf dem hohen Schemel, starrte ins Leere und lutschte an einem Strohhalm.

»Lewis, schnell, fang an, den Mais-Teig zu mischen, hörst du!« befahl Mrs. Carrington mit ihrer hohen, hellen Stimme. Umsichtig lief sie in der großen alten Küche umher. Es war ein Segen, daß sie einen ganzen, in Melrose geräucherten und gekochten Schinken zur Verfügung hatte. »Und du rufst mich, wenn es soweit ist, daß die Kroketten in den Ofen können«, befahl sie. »Das will ich selbst tun.« Lewis schüttete Maismehl in eine Schüssel, und es wirkte wie eine Zeitlupenaufnahme. »Mach schneller!« rief sie, als sie aus der Türe ging. »Ich höre Mrs. Barbara die Treppe herunterkommen.«

Sie traf ihre Schwiegertochter am Fuß der Treppe und ging mit ihr zusammen durch die Halle. »Ist Billy schon eingeschlafen?« fragte sie.

»Er hört und sieht nichts mehr!«

»Komm und trink einen Schluck Eierpunsch, Kindchen«, fuhr Mrs. Carrington fort und blieb in der Eßzimmertür stehen. »Du hast ja noch gar nichts im Leibe!«

»Danke, lieber nicht.«

Mrs. Carrington zauderte.

»Vielleicht ist er dir zu dick«, sagte sie dann. »Ich habe schon immer gedacht, das Melrose-Rezept ist eigentlich zu dick. Ich könnte ihn dir mit ein wenig Sherry verdünnen. Versuch das mal! Du bist zu höflich und nett, um es geradeheraus zu sagen«, fuhr sie ernster fort, »aber du mußt uns leider mit all unsern Fehlern in Kauf nehmen!«

***Gekochter Schinken***

1,5–2 kg vom Schlachter gepökelter und leicht geräucherter Schinken
1 Lorbeerblatt
12 Pfefferkörner
etwa 2 l Wasser oder Fleischbrühe
nach Belieben 2–3 Zwiebeln

*Der Schinken stammt meist aus dem Hinterschinken des Schweines, und nur selten verwendet man diesen Schinken ganz und gar. Sie haben die Wahl zwischen den beiden Stücken links und rechts des Knochens. Das eine ist die Blume, die etwa 10–20% des Schinkengewichtes umfaßt, also das kleinere Stück, sehr fleischig und nur wenig mit Fett durchwachsen. Das andere Stück ist die Pape und wird von vielen als das beste Stück bezeichnet – der Name leitet sich von »Pfaffenschnitt« ab. Das Fleisch ist sehr zart, meist wird nur eine dünne Fettschicht drangelassen. Der Schinken läßt sich gut tranchieren, weil er große gleichmäßige Scheiben ergibt. Man sollte den Schlachter auf jeden Fall bitten, das ausgewählte Fleischstück leicht zu pökeln und die Schwarte nicht abzuschneiden, denn sie erhöht das kräftige Aroma und schützt den Braten vorm Austrocknen, vor allem wenn er nach dem Kochen noch überbraten werden soll.*

*Das Fleisch kommt mit den Gewürzen in einen großen Kochtopf, wird mit der Fleischbrühe übergossen und muß 1½–2 Stunden leise kochen.*

*Krustenschinken: Soll der gekochte Schinken zu einem Krustenschinken weiterverarbeitet werden, so läßt man das Fleisch in seinem Sud erkalten, weil es auf diese Weise saftiger und milder bleibt. Die Schwarte abschneiden, die Fettschicht über dem Fleisch mit scharfem Senf bestreichen, mit braunem Zukker oder Ahornsirup beträufeln und eine halbe bis eine Stunde im 200°C heißen Ofen überbacken. Dabei oft wieder beträufeln.*

**_Kroketten_**

750 g Kartoffeln
Salz
2 Eidotter
100–150 g Mehl
Pfeffer
geriebene Muskatnuß
Semmelbrösel
Fett zum Ausbacken

*Pell- oder Salzkartoffeln heiß durchpressen und mit Eidottern, Mehl und Gewürzen verkneten. Oder einen Rest Kartoffelmus mit Dottern und Mehl zu einem Teig kneten, partienweise auf der bemehlten Arbeitsfläche in dünne Stangen rollen und in fingerlange Stücke schneiden. In Semmelbröseln wälzen und in heißem Fett rundherum golden backen*

**_Egg Nog_**
**_(oder Eierpunsch)_**

6 Eier
1 Tasse Zucker
1 TL Zitronensaft
½ l ungesüßte Sahne
½ l Milch
½ l Rum oder Whisky

*Eier trennen, die Eiweiß mit einer halben Tasse Zucker und dem Zitronensaft zu leichtem Schnee schlagen. Die Dotter mit der anderen halben Tasse Zucker weiß schaumig rühren, beide Massen verrühren, die geschlagene ungesüßte Sahne unterheben und langsam mit Milch und Alkohol verquirlen. In einen großen Krug gießen, gekühlt und unverzüglich servieren.*

## *Grace Fletcher*
## »Das Haus duftete nach Zimt und Zitronen«

*Der Truthahn, der klassische amerikanische Weihnachtsbraten, der für zahlreiche Gäste reicht, darf bei dem Weihnachtsfest nicht fehlen, das Grace Fletcher beschreibt, denn es ist ein Fest für die Familie und die ganze Gemeinde. Die anderen Gerichte haben ihre eigene Geschichte: Die »Ile flottante«, die »Schwimmende Insel«, ist wohl mit den Franzosen ins Land gekommen, und der Pecankuchen, der Pecan Pie, ist eine Variation der Walnuß- oder Haselnußgebäcke Europas. Daß sie in den Kanon der weihnachtlichen Leckerbissen aufgenommen wurden, verdanken sie ihrer Süße und Üppigkeit: So süß wie Gottes Gnade, die uns mit dem Kind in der Krippe die Hoffnung schenkte, muß das sein, womit sein Geburtstag gefeiert wird.*

Die Weihnachtsfeier sollte nun also eine Art Einweihung der kleinen Kirche sein. Und da Izak das Land gestiftet hatte, hoffte er den Niklaus zu spielen. So wäre es wohl auch gekommen, wenn eben der Prediger nicht in Myrtie Crowley verliebt gewesen wäre und wenn sie ihm nicht angedeutet hätte, ihr Vater Sam erwarte, den Niklaus zu spielen. Die Crowleys waren also »in«.

»Aber es ist Weihnachten, und wir müssen friedfertig sein«, sagte deine Großmutter Elvira ein paar Tage drauf, als wir alle auf der Veranda saßen. Gay und ich schnitten Papierpuppen aus einem Katalog aus, deine Großmutter Elvira palte Erbsen in eine Schüssel, und dein Großvater Izak ölte seinen Colt-Revolver, den er beinah ebensosehr wie seine Familie liebte. Er war ein Meisterschütze.

»Es sieht allerdings gar nicht nach Weihnachten aus«, fuhr deine Großmutter fort. »Hört euch das an!« Im Ahorn sang eine Spottdrossel ihr silbernes Lied, und im Garten blühten noch rote und gelbe Rosen. »In Illinois hatten wir zu Weihnachten Schnee, der einem unter den Füßen knirschte. Hätten wir doch ein bißchen Schnee!«

»Bestimmt haben wir Weihnachten Schnee!« rief jemand.

Wir sprangen hoch und sahen Sam Crowley über den Zaun steigen. Er lächelte Elvira zu: »Schnee und Rentiere für Niklaus' Schlitten, so gehört es sich für eine Weihnachtsfeier!« prahlte er.

Dein Großvater Izak blickte von seinem Colt auf und hinüber zum Thermometer am Verandapfosten, das 26 Grad angab! »Wo willst du in Texas Schnee herbekommen? Vielleicht nimmst du Prues Pony als Rentier?« Und dabei lachte dein Großvater aus vollem Halse, und Sam stapfte wütend davon und vergaß, weshalb er hergekommen war. Er schickte aber einen seiner Jungen und ließ anfragen, ob ich bei der Weihnachtsfeier ein Gedicht »Die zwei Waisen« vortragen wolle.

»Sag deinem Pa, natürlich will sie!« rief dein Großvater und erklärte deiner Großmutter, daß er jetzt doch zur Feier gehen müsse, um zu sehen, was Sam vorhabe. Bestimmt würde er etwas Dummes anstellen.

Der Tag vor Weihnachten war herrlich aufregend. In den Schubfächern, die man nicht öffnen durfte, raschelte es von Seidenpapier, und das Haus duftete nach Zimt und Zitronen für den großen Pekankuchen, für den das Mehl siebenmal gesiebt werden mußte. Und »Schwimmende Insel« mit Weinschaumsoße wurde vorbereitet, aber ohne Wein, weil wir Temperenzler waren, und dann all die Erfrischungen für die Kirchenfeier! Truthahn mit Apfelfüllung! Den ganzen Tag glühte der Kochherd, und um fünf wischte sich deine Großmutter die Stirn und rief: »Izak, den Waschzuber!«

***Truthahn***

Zutaten und Bratzeit
*siehe **Pute** S. 31*

*Ein Truthahn braucht je Kilogramm etwa zwei Tassen Fülle. Übrige Fülle kann man neben dem Tier garen – in diesem Fall in der letzten Dreiviertelstunde Bratzeit. Den Truthahn nicht zu fest füllen, sonst platzt die Pelle. Die Bauchöffnung sorgfältig mit Holz-*

*stäbchen oder Zwirnsfaden schließen. Ein großes Tier wird schon tranchiert aufgetragen. Man löst die rechte und die linke Brusthälfte ab und schneidet sie in Scheiben. Zum Nachservieren nimmt man noch einen oder beide Schenkel dazu, die ebenfalls gut in Scheiben geschnitten werden können.*
*Der gefüllte Truthahn braucht außer etwas Weißbrot und Gemüse keine Beilage. Der ungefüllt gebratene Truthahn wird mit Reis in jeglicher Form oder Kartoffelpüree oder warmem Kartoffelsalat serviert.*

***Schwimmende Insel***

Für die Inseln:
3 Eiweiß
210 g feiner Zucker
1 Prise Salz
2 Tropfen Bittermandelöl oder 3 EL Himbeerkonfitüre ohne Kerne
Für den See:
1 Tasse Milch
1 Tasse Sahne
½ Tasse Zucker
1 Beutel Vanillezucker
4 Eidotter

*Milch und Sahne in einem breiten flachen Topf heiß werden lassen. Eiweiß mit Zucker, Salz und Bittermandelöl so steif schlagen, daß sich Spitzen bilden. Mit einem Eßlöffel Nocken aus dem Eischnee stechen und – immer nur ein paar – auf die heiße Sahnemilch setzen. Auf schwacher Hitze 3–4 Minuten garen lassen, wobei die Nocken einmal vorsichtig gedreht werden sollten. Dann mit dem Sieblöffel herausheben und auf ein sauberes Küchentuch setzen. Wenn alle »Inseln« hergestellt sind, bereitet man den »Teich«, auf dem die Inseln schwimmen werden.*
*Die Eidotter mit dem Zucker weiß schaumig rühren, mit Vanillezucker würzen, und die heiße Sahnemilch vorsichtig in einem dünnen, stetigen Strahl unter ständigem Rühren dazugießen. Den Topf ins Wasserbad stellen und rühren, bis die Creme den Löffel deckt. Das dauert etwa 15 Minuten. Abschmecken und abkühlen lassen.*
*Dann gießt man diese Mischung in eine große, breite Schüssel und läßt die Inseln auf diesem Cremeteich schwimmen.*
*Etwas altmodischer: Die Eischneenokken werden nicht gekocht. Man verrührt vielmehr das mit Zucker steifgeschlagene Eiweiß mit der Himbeermarmelade und setzt diese Nocken auf den wie oben zubereiteten Teich.*
*Wer es sich für den Teich einfacher ma-*

*chen will, kocht einen Vanillepudding mit halb Milch und halb Sahne und verrührt ihn zum Schluß mit 2–3 Eidottern und setzt die Inseln auf diesen Teich, oder man kocht eine Weinschaumcreme aus Weißwein oder Portwein.*

***Pecan Pie***
***(Pecankuchen)***

Für den Teig:
200 g Mehl
150 g Butter
½ TL Salz
3–4 EL
kaltes Wasser
Für die Fülle:
3 Eier
1 Prise Salz
¾ Tasse Zucker
½ Tasse geschmolzene Butter
1 Tasse dunkler Sirup
1 ½ Tassen Pecanhälften

*Aus den angegebenen Zutaten einen Mürbteig kneten, ausrollen und eine flache Springform damit auslegen. 5 Minuten bei 200°C, mittlere Schiene, vorbacken. Unterdessen die Eier zusammen mit dem Salz und dem Zucker mit dem elektrischen Handrührgerät oder einem Schneebesen weiß schaumig rühren. Die Butter und den Sirup dazugießen und gut verrühren. In den vorgebackenen Teig gießen. Die Pecanhälften mit der flachen Seite nach unten auf die Creme setzen und 10 Minuten im auf 200°C vorgeheizten Ofen bakken. Dann die Hitze auf 180°C herunterschalten und weitere 30 Minuten backen lassen. Auf jeden Fall die Hölzchenprobe machen, und den Pie mit Alufolie zudecken, falls die Füllung zu stark bräunt.*

# *Astrid Lindgren*
# »Und es *wurde* aufgefahren …«

*Emil in Lönneberga, der in der deutschen Übersetzung zu einem Michel geworden ist, hatte ein reales Vorbild: Astrid Lindgrens geliebten Vater mit seinen überraschenden Ideen und seinem unerschütterlichen Sinn für Gerechtigkeit. In seiner Kindheit war Südschweden ein karges Agrarland, und die Tochter Astrid beschreibt immer wieder, wie er und ihre Mutter sich durchschlagen mußten. Emil war kein Kind aus reichem Hause, aber er kam sich im Vergleich zu den alten Leuten im Greisenasyl wie ein Krösus vor. Und so schafft er es mit Kinderlist und Weihnachtssinn, den armen Alten den Weihnachtsschmaus ihres Lebens aufzutischen. Astrid Lindgren läßt es die Eltern wahrhaft heldenhaft christlich ertragen, daß damit ihr gesamter Weihnachtsvorrat für die eigenen Gäste und die Familie verschlungen ist, und genießt es selbst, die Litanei der schwedischen Weihnachtsköstlichkeiten für immer festzuhalten.*

☆ Wenn nun jemand an diesem Weihnachtstag, gerade als es anfing zu dämmern, den Katthult-Weg entlanggefahren wäre, er hätte sicher geglaubt, eine Reihe grauer Spukgestalten zu sehen, die sich dort hinkend und keuchend den Hügel hinauf nach Katthult zu bewegten. Sie sahen aber auch wirklich wie Gespenster aus in ihren Lumpen, diese armen Alten, die trotzdem fröhlich wie Lerchen und munter wie Kinder waren. Es war schon lange her, daß sie auf einem Weihnachtsschmaus gewesen waren! Es machte ihnen auch Spaß, an ihren Hausdrachen zu denken, der bald zurückkommen und ein leeres Armenhaus vorfinden würde, in dem nur ein einziges kümmerliches Wesen war: Salia Amalia.

»Ho, die wird sich umsehen«, sagte Johann-Ein-Öre, »ho, da steht sie dann ohne uns! Soll sie doch merken, wie das ist!«

Darüber lachten alle zufrieden. Als

sie aber nachher in die weihnachtsfeine Küche von Katthult kamen und Michel fünf große Kerzen anzündete, deren Schein sich in den frisch gescheuerten Kupferkesseln an den Wänden spiegelte, so daß alles schimmerte und glänzte, da waren sie zuerst ganz still, und Stolle-Jocke glaubte, er sei bereits im Himmel.

»Seht, da sind Lichter und Seligkeiten ohne Grenzen ...« sagte er und weinte, denn weinen, das tat Stolle-Jocke immer, gleichviel, ob er nun glücklich war oder traurig.

Da sagte Michel:

»Jetzt wird hier aufgefahren!«

Und es *wurde* aufgefahren. Michel und Alfred und Klein-Ida holten alles, was sie nur schleppen konnten, aus den Schränken. Und nun sollst du wissen, was auf dem großen Küchentisch von Katthult stand, als sie endlich damit fertig waren.

Da standen:

eine Schüssel mit Blutklößen,
eine Schüssel mit Schweinswürsten,
eine Schüssel mit Sülze,
eine Schüssel mit Leberpastete,
eine Schüssel mit Knackwürsten,
eine Schüssel mit Fleischklößen,
eine Schüssel mit Kalbskoteletts,
eine Schüssel mit gepökelten Schweinsrippen,
eine Schüssel mit kalter Bratwurst,
eine Schüssel mit frischer Blutwurst,
eine Schüssel mit frischer Leberwurst,
eine Schüssel mit Heringssalat,
eine Schüssel mit Rauchfleisch,
eine Schüssel mit leicht gesalzener Ochsenzunge,
eine Schüssel mit Rosinen-Grützwurst,
eine Platte mit dem großen Weihnachtsschinken,
eine Platte mit dem großen Weihnachtskäse,
ein Korb mit Weißbrot,
eine Schüssel mit Sirupbrot,
ein Korb mit feinem Roggenbrot,
eine Kanne Fruchtsaft,
eine Kanne Milch,
eine Schüssel mit Buchweizengrütze,
eine Platte mit Käsekuchen,
eine Schale mit Katharinenpflaumen,
eine Platte mit Apfelkuchen,
eine Schüssel Schlagsahne,
eine Schale mit Erdbeerkompott,
eine Schale mit Ingwerbirnen,
ein Krug mit Wacholderbier
und

ein kleines, im ganzen gebratenes Spanferkel, die Augen aus weißem Kandiszucker.

Das war alles, glaube ich. Ich kann nicht mehr als drei, höchstens vier, na ja, sagen wir der Sicherheit halber fünf Sachen vergessen haben – sonst habe ich aber alles aufgezählt.

Da saßen sie nun, die Ärmsten der Armen aus Lönneberga, sehr geduldig saßen sie da um den Tisch herum, aber bei jeder Schüssel, die herbeigetragen wurde, waren sie zu Tränen gerührt.

Schließlich sagte Michel: »Seid so gut und haut nun rein!«

Wirklich, sie hieben hinein, das taten sie, und so, daß es zu hören war. Alfred, Michel und Klein-Ida aßen auch. Ida konnte nicht mehr als ein paar Fleischklöße herunterbekommen, weil sie angefangen hatte zu denken. War das hier nicht doch etwa Unfug? Sie besann sich plötzlich, daß morgen, am dritten Weihnachtstag, die Verwandten aus Ingatorp nach Katthult kommen wollten. Und hier wurde das Festessen von morgen schon heute aufgegessen. Sie hörte, wie es um den Tisch herum knabberte und knackte und schlürfte und schmatzte. Es war, als hätte sich ein Heuschreckenschwarm über die Schüsseln und Schalen und Krüge hergemacht. Klein-Ida begriff: So aßen nur die, die richtig ausgehungert waren, aber es war trotzdem schrecklich. Sie zog Michel am Ärmel und flüsterte, damit niemand sonst es hören konnte: »Bist du sicher, daß das hier kein Unfug ist? Denk dran, morgen kommen die aus Ingatorp!«

»Die sind sowieso schon satt«, sagte Michel beruhigend. »Es ist doch wohl besser, das Essen kommt dort hinein, wo es Nutzen bringt.«

Danach aber wurde er doch ein wenig besorgt, denn es sah so aus, als würde nicht einmal ein halber Kloß übrigbleiben. Das, was nicht in die Münder gestopft wurde, verschwand in den Taschen und Beuteln. Im Nu waren die Schüsseln leer.

»Jetzt habe ich großes Aufräumen mit den Schweinsrippen gemacht«, sagte Kalle-Karo und kaute auf dem letzten Knochen herum.

»Und ich habe nun großes Aufräumen mit dem Heringssalat gemacht«, sagte Lumpen-Fia.

»Großes Aufräumen« sagten sie, und das bedeutete, daß sie alles vertilgt hatten, so daß die Schüsseln jetzt leer waren.

»Nun haben wir großes Aufräumen mit allem gemacht«, sagte Trödel-Niklas zum Schluß, und ein wahreres Wort hatte er nie gesprochen. Deshalb wurde dieses Festessen später für alle Zeiten »Das große Aufräumen von Katthult« genannt, denn du mußt wissen, daß man davon noch lange, lange in Lönneberga und den anderen Gemeinden sprach. ☆

***Fleischklößchen***

1/10 l Milch
1/10 l Sahne
50 g Semmelbrösel
500 g Hackfleisch
1 TL Salz
weißer oder schwarzer Pfeffer
2 EL geriebene Zwiebeln
Butter oder Margarine zum Braten

*In einen Meßbecher Milch, Sahne und Semmelbrösel einfüllen und umrühren. Diese Mischung eine Viertelstunde stehen und quellen lassen. Unterdessen das Hackfleisch mit Salz, Pfeffer und der geriebenen Zwiebel mischen. Man kann die Zwiebel auch sehr fein würfeln, in etwas Butter blond braten und so zum Hackfleisch geben. Als letztes wird die Milchmischung hinzugefügt, rasch, gründlich, aber leicht unter das Hackfleisch gehoben und mit zwei nassen Teelöffeln oder mit feuchten Händen zu Fleischbällchen geformt. Sie werden in einer großen Pfanne von allen Seiten in heißer Butter angebraten, dann stellt man die Hitze klein und läßt sie unter ständigem Rütteln und Schütteln weiter bräunen und garen. Dann häuft man sie in eine vorgewärmte Schüssel.*

***Leberpastete***

400 g Kalbs- oder Hähnchenleber
150 g durchwachsener geräucherter Speck
500 g Kalbfleisch, grob gehackt
5 Wacholderbeeren
5 Pfefferkörner
½ TL getrockneter Thymian
½ TL getrockneter Salbei
1–2 Tassen Fleischbrühe oder Rotwein
1 Tasse Sahne
4 Eier
Lorbeerblätter zur Dekoration

*Die Leber fein hacken, den Speck entweder sehr fein wiegen oder mit dem Kalbfleisch durch den Wolf drehen. Wa-*

*cholderbeeren, Pfefferkörner und Kräuter im Mörser zerstoßen. Nun Kalbfleisch, Leber und Speck gut miteinander vermengen, Fleischbrühe oder Wein, Sahne, Eier, Gewürze und Kräuter hinzufügen, und alles gut durcharbeiten. Den Fleischteig in der Schüssel zudecken und über Nacht im Kühlen stehen lassen.*

*Den Teig am nächsten Tag salzen und abschmecken und dabei berücksichtigen, daß er gebacken milder schmeckt als roh. Den Fleischteig in eine Pastetenform füllen, mit den Lorbeerblättern hübsch belegen und mit dem Deckel der Pastetenform zudecken. In den auf 160°C vorgeheizten Backofen stellen, und zwar in die Bratreine, die mit warmem Wasser gefüllt ist. Die Leberpastete 1¼ bis 1½ Stunden backen. Sie ist fertig, wenn sich der Pastetenteig vom Rand der Form löst.*

*Die Form aus dem Ofen nehmen, zugedeckt abkühlen lassen. Ist dann Flüssigkeit ausgetreten, kann man sie abgießen und die Lücke zwischen Pastete und Form mit Portweingelee auffüllen.*

***Heringssalat***

Gleich viel Salzhering, gekochtes Kalbfleisch, Äpfel, Pellkartoffeln, gekochte Sellerieknolle, Gewürzgurken und eingelegte rote Bete
1 Zwiebel
1 EL Kapern
5 EL Öl
1 EL Essig
Pfeffer, Salz und Zucker

*Hering, Fleisch, Äpfel, Kartoffeln und Sellerie, Gewürzgurken und rote Bete werden gewürfelt, mit den fein gewiegten Zwiebeln, den Kapern und einer Marinade aus Essig und Öl samt Pfeffer, Salz und Zucker gut durchgeschwenkt. Der Salat muß über Nacht durchziehen, wird dann nachgewürzt, mit gehackten gekochten Eiern garniert und zu Brot und Bier serviert.*

*In Dänemark wird dieser Salat mit süßsauer eingelegten Heringen oder mit Bismarckheringen zubereitet.*

*In Rußland wird er kurz vorm Servieren mit einem Becher saurer Sahne durchgeschwenkt.*

***Käsekuchen***

Für den Teig:
200 g Mehl
150 g Butter
1 Prise Salz
3 EL Wasser

Für die Fülle:
500 g Magerquark
4 Eier
200 g Zucker
100 g Butter
2 EL Semmelbrösel oder Kuchenbrösel
100 g Rosinen
100 g gemahlene Mandeln
2 EL Orangenmarmelade
1 EL Zitronenzucker
1 Beutel Vanillezucker

*Aus Mehl, Butter, Salz und Wasser rasch einen Mürbteig kneten, zu einer Kugel formen und zugedeckt in den Kühlschrank legen. Unterdessen Eier und Zucker weiß schaumig rühren, den gut abgetropften Quark und die weiche Butter, Semmelbrösel und gemahlene Mandeln dazurühren. Mit Orangenmarmelade, Zitronenzucker und Vanillezucker würzen, die Rosinen unterheben, und die Fülle beiseite stellen.*
*Dann den Teig ausrollen, eine Form so damit ausfüttern, daß ein hoher Rand entsteht, die Fülle hineinschütten und glattstreichen. In den auf 200°C vorgeheizten Backofen schieben, untere Schiene, und eine knappe Stunde backen. Falls die Oberfläche zu dunkel wird, mit Alufolie zudecken.*

**_Skandinavischer Apfelkuchen_**
2 Eier
200 g Zucker
100 g Butter
⅛ l Milch
200 g Mehl
3 TL Backpulver
3–4 Äpfel

*Eier und Zucker weiß schaumig rühren. Butter und Milch in einer Kasserolle einmal aufkochen lassen und dann in dünnem Strahl und unter ständigem Weiterrühren zur Eiercreme gießen. Das mit Backpulver vermischte Mehl in diese Mischung rühren, in eine gut ausgefettete Tortenform mit festem Rand gießen und dicht an dicht mit Apfelscheibchen belegen.*
*Etwa 25 Minuten bei 200°C backen, mittlere Schiene, auf jeden Fall die Hölzchenprobe machen und mit Alufolie bedecken, falls die Oberfläche des Kuchens zu stark bräunt.*

**_Weihnachtsgrütze_**
*Ursprünglich wurde diese Grütze aus Buchweizen- oder Gerstenschrot so in Wasser und mit einer Prise Salz wie der tägliche Morgenbrei gekocht, zur Feier des Tages vielleicht mit Milch. Auf jeden Fall aber wurde der Weihnachts-*

*brei dick mit Zimtzucker bestreut, bevor er auf den Tisch kam, und mit einem tüchtigen Stück Butter besetzt, das langsam in die Grütze schmolz. Jeder nahm sich zu seiner Grütze noch so viel weitere Milch (oder Sahne), wie er mochte.*
*Im 20. Jahrhundert wurde es üblich, die Weihnachtsgrütze aus Reis zu kochen. Hier das Rezept:*

1 Tasse Rundkornreis (Milchreis)
3 Tassen Milch
3 EL Zucker
100 g geschälte und gehackte Mandeln
1 EL Vanillezucker
Nach Belieben: 1 Gläschen Rum oder Sherry
1 Prise Zimt
¼ l Sahne
1 EL Vanillezucker und Zimtzucker

*Den Reis in reichlich sprudelndes Salzwasser gießen und ein paar Minuten blanchieren. Durch ein Sieb gießen, die Milch in einer großen Kasserolle mit dem Zucker aufkochen lassen, den blanchierten Reis hineingeben, die Hitze vermindern und den Reis in etwa 20 Minuten ausquellen lassen. Abschmekken, die gehackten Mandeln unterziehen und nach Belieben mit Vanillezukker, Sherry, Rum oder einer Prise Zimt würzen. Die Sahne wird mit dem Vanillezucker steif geschlagen und samt Zimtzucker zur warmen Weihnachtsgrütze serviert. Man ißt sie aus kleinen Suppentassen und in Dänemark mit einem speziellen Weihnachtslöffel.*

**Truthahn** *siehe S. 116, 31*

# *Wladyslaw Stanislaw Reymont*
# »Sie aßen lange …«

*Das Königreich Polen war ein reiches Agrarland, besaß große Wälder, trieb einträglichen Handel mit den Nachbarn, und die Könige und Fürsten waren genauso streng katholisch wie die Bauern. Weihnachten, wie es Reymont aus seiner Erinnerung wieder auferstehen läßt, gehörte also zu den Festen, die der Seele Kraft und dem langen, schweren Winter Glanz und Farbe verliehen. Honig und Pilze aus den Wäldern, Plinsen aus Buchweizen, der genügsam auf jedem mageren Waldacker wächst, dazu alle die guten Zutaten für den Stollen und den Käsekuchen – das vertreibt Hunger und Kälte, das macht zufrieden. So hätte es bleiben können …*

Im Hause war man ebenfalls emsig am Werken. Jozka sang ganz leise vor sich hin, während sie aus buntem Papier die wunderlichsten Scherenschnitte fertigte, die, auf einem Balken oder auf Bilderrahmen geklebt, aussehen, als wären sie mit lebhaften Farben bemalt, von denen es einem ordentlich vor den Augen flimmert; Jagna aber knetete, die Ärmel hoch aufgekrempelt, Teig im Trog und buk mit mütterlicher Hilfe Stollen, die so lang waren, daß sie aussahen wie die Kästen im Garten, in denen die Petersilie ausgesät wurde, und Brote aus Beutelmehl, die noch ein bißchen weißer waren als die Stollen. Sie tummelte sich flink, denn der Teig ging schon, und die Laibe mußten geformt werden, sah auch ab und zu nach Jozkas Arbeit, schaute immer wieder mal nach dem Käsekuchen mit Honig, der sich schon unter einem Federbett durchwärmte und auf den Ofen wartete, und lief dann wieder hinüber auf die andere Seite zu dem Backofen, in dem ein tüchtiges Feuer bullerte. (…)

Feierliche Stille legte sich über die Stube.

Boryna bekreuzigte sich und teilte

unter alle die Oblate aus; man verzehrte sie mit Ehrfurcht, als sei es das Brot des Herrn.
»Christus ist zu dieser Stunde geboren, möge sich darum jedes Geschöpf durch dieses heilige Brot erquicken!« sagte Rocho.
Und obschon sie hungrig waren, weil sie den ganzen Tag über nur trockenes Brot zu sich genommen hatten, aßen sie sie langsam und würdevoll.
Zuerst gab es saure, mit Pilzen gekochte Rotrübensuppe und ganze Kartoffeln dazu, dann kamen mit Mehl panierte und in Hanföl gebratene Heringe, später Weizenklöße mit Mohn, als nächster Gang folgte Kohl mit Pilzen, ebenfalls mit Öl zubereitet, und zum Schluß servierte Jagna einen wahren Leckerbissen, nämlich Plinsen aus Buchweizengrütze mit Honig eingerührt und in Mohnöl geröstet; zu allem kauten sie einfaches Brot, weil es sich an diesem Tag nicht ziemte, Fladen oder Stollen zu essen, die mit Milch und Butter zubereitet waren.
Sie aßen lange, und selten sagte mal einer ein Wort; nur das Schaben der Löffel in den Schüsseln war zu hören und das Schmatzen. ☆

***Weihnachtsborschtsch (Rotrübensuppe)***

100 g getrocknete Waldpilze oder Steinpilze
1 kg rote Bete
1 l Hühnerbrühe
Salz
Zucker
1 EL Zitronensaft

*Die getrockneten Pilze mit einem Liter kochendem Wasser begießen und zugedeckt zwei Stunden eingeweicht stehen lassen. Dann die Pilze im Einweichwasser etwa zwei Stunden kochen lassen, bis die Flüssigkeit auf etwa einen Viertelliter reduziert ist. Durchs Sieb gießen und Pilze sowie Brühe aufheben. Unterdessen die rote Bete waschen, putzen, raspeln, in der Hühnerbrühe 30 Minuten kochen, durch ein Sieb gießen und das Betenfleisch durchs Sieb streichen. Die Pilzbrühe dazugießen, die Mischung mit Zucker und Zitronensaft würzen, abschmecken und einmal aufkochen.*
*In diese Weihnachtssuppe gibt man entweder das fein gewiegte Pilzfleisch, oder man bereitet aus den Pilzen eine Füllung und stellt kleine Nudelteigtaschen her, die extra gekocht und dann in die Suppe gegeben werden.*

***Bratheringe***
8 grüne Heringe
1 Zitrone
Mehl
Pfeffer
Muskat oder Paprikapulver
40 g Öl oder Margarine
Salz

*Die bratfertigen Heringe waschen, trokken tupfen, innen und außen mit Zitronensaft beträufeln und in Mehl wenden, das mit Pfeffer und geriebener Muskatnuß oder Paprikapulver gewürzt ist. In der offenen Pfanne etwas Fett heiß werden lassen, drei bis vier Fische auf einmal in die Pfanne geben und auf Mittel- bis starker Hitze auf beiden Seiten je etwa fünf Minuten goldbraun braten. Die fertigen Heringe auf einer vorgewärmten Platte heiß stellen, dann die restlichen Fische braten. Dazu: Kartoffelsalat, Petersilienkartoffeln und Kopfsalat.*

***Weizenklöße mit Mohn***
Ein Hefeteig wie für Streuselkuchen, siehe S. 69
Für die Sauce:
200 g gemahlener Mohn
⅛ l Sahne
Zucker oder Honig
gemahlener Kardamom oder Zimt
Gewürznelken
Zitronenschale

*Man bereitet den Hefeteig, kann ihn durch 50 g geschälte und feingeschnittene Mandeln noch festlicher machen, läßt ihn aufgehen, sticht dann mit dem Löffel lauter kleine Klöße ab und läßt diese nochmals gehen. Dann gießt man in eine große rechteckige Auflaufform fingerhoch lauwarme Milch, setzt die Klöße hinein, bestreut sie mit Zucker und backt sie bei 180–200°C auf der mittleren Schiene im Ofen. Unterdessen läßt man die Sahne aufkochen und den gemahlenen Mohn hineinrieseln, rührt ständig um, süßt ihn mit beliebig viel Honig oder Zucker und würzt ihn mit einem der angegebenen Gewürze oder einer beliebigen Mischung. Wenn die Mohnsauce zu fest wird, gibt man ein Stück Butter dazu oder etwas Milch oder Wein. Leise durchkochen lassen und dann warm stellen, bis die Hefeklöße gar sind. Sie werden in der Form aufgetragen, mit einer Schaufel herausgestochen, und jeder zerreißt sich seine Klöße mit Gabeln und löffelt sich etwas von der ebenfalls aufgetragenen Mohnsauce darauf.*

**Bigos**
**(Kohl mit Pilzen)**

60 g Butter
3 Zwiebeln
2–3 säuerliche Äpfel
250 g Weißkohl
500 g Sauerkraut
3–5 Tomaten
50 g getrocknete Steinpilze
500 g gewürfeltes mageres Rindfleisch
je 250 g gewürfeltes Wild- oder Lammfleisch und Schweinefleisch
je ⅛ l Hühnerbrühe und Rotwein
6 ganze Pimentkörner
1–2 TL Salz
½ TL frisch gemahlener schwarzer Pfeffer
250 g Knoblauchwurst

*In einer Kasserolle oder einer großen feuerfesten Form die Butter zerlassen, die geputzten und gewürfelten Zwiebeln darin andünsten, die geputzten und geachtelten Äpfel dazugeben, dann den feingeschnittenen Weißkohl, das zerzupfte Sauerkraut und die gepellten und gewürfelten Tomaten. Schließlich werden die Steinpilze, die man vor mindestens zwei Stunden mit kochendem Wasser begossen hat, aus diesem herausgenommen, in feine Streifen geschnitten und samt dem Einweichwasser aufs Gemüse gegossen. Jetzt werden die drei Fleischsorten in einer großen Pfanne nacheinander kräftig angebraten, in die Kasserolle geschüttet und mit dem Gemüse vermengt. Den Bratfond in der Pfanne mit Hühnerbrühe und Rotwein ablöschen und auf den Eintopf gießen, mit Pimentkörnern, Pfeffer und Salz würzen, die Knoblauchwurst in dicke Scheiben schneiden und unter das Sauerkraut schieben. Die Kasserolle zudecken, in den auf 170–180°C vorgeheizten Ofen, unterste Schiene, schieben, 1½ Stunden geschlossen, 30 Minuten offen backen. Der Weihnachtseintopf wird in der Form serviert oder in eine Schüssel umgefüllt.*

**Buchweizenplinsen**

200 g Grahammehl
20 g Hefe
1 EL Zucker
¼ l Milch
200 g Buchweizenmehl
2 EL Honig oder brauner Zucker
1 Prise Salz
3–4 Eier
Milch
Fett zum Ausbacken, z. B. Mohnöl

*Aus Weizenmehl, Hefe, Zucker und Milch einen Hefeteig arbeiten (siehe S. 69). Nach dem Gehen mit dem angewärmten Buchweizenmehl, Eiern und so viel Milch verquirlen, daß ein dickflüssiger Teig entsteht. Salzen, süßen und eßlöffelweise ins heiße Fett geben. Die Plinsen von beiden Seiten backen und mit saurer Sahne und halbflüssigem Honig servieren.*

***Käsepotize mit Honig***

Für den Knetteig:
300 g Mehl
250 g Butter
2 Eidotter
1 Prise Salz
2–3 EL Wasser
Für die Fülle:
500 g Magerquark
3 Eier
⅛ l Sahne
1 EL Vanillezucker
100 g gemahlene Mandeln
125 g Rosinen
100 g Honig

*Aus den angegebenen Zutaten einen Knetteig arbeiten. Eine große ovale Auflaufform oder das Backblech fetten, auf das man den ebenfalls gefetteten Reif einer größeren Springform stellt. Dann rollt man den Teig so weit aus, daß sein Durchmesser fast doppelt so groß wie der der Form ist. Diesen Teig wie ein Tuch in die Form legen und mit der Quarkcreme füllen. Dazu verrührt man den gut abgetropften Magerquark mit Eidottern, Sahne, Honig und Vanillezucker, Mandeln und Rosinen und hebt den Schnee der drei Eiweiß drunter. Auf diese Fülle wird der Teig vorsichtig von allen Seiten zusammengeschlagen und mit gequirltem Eigelb bepinselt. Die Potize kommt eine gute Stunde lang bei 180–200°C in den Backofen. Sie geht etwas auf, wenn man den Teig sachte gefaltet hat, und sie schmeckt heiß und kalt gleich gut.*

# *Ivan Schmeljow*
# »Süßer Sbiten! Heiße Kringel!«

*Auf Heu und auf Stroh legte man, so wie es Ivan Schmeljow erzählt, in vielen katholischen Gegenden das Weihnachtsbrot oder den Christstollen, manchmal auf die sauber gescheuerten Dielen, damit man sich im festlichen Überschwang beim Essen und Trinken stets daran erinnerte, wie armselig das irdische Leben Christi begann. Deshalb auch bei fast allen Mandelgebäcken die Beigabe einer Bittermandel, deshalb die erstaunliche Menge scharfer bis beißender Gewürze im Sbiteny. Ja, sie sind nach fettem Essen höchst bekömmlich, aber wir sollen auch nicht vergessen, daß die Geschichte, die am Heiligen Abend im Stall begann, am Kreuz in Golgotha endete. Daß zu jedem irdischen Glück die Bitterkeit der Sünde und des Leids gehört. Wer will, kann sich das Bittere im Glase durch heißen Tee verlängern und mildern.*

Etwa drei Tage vor Weihnachten waren alle Marktplätze, alle öffentlichen Plätze in Tannenwälder verwandelt. Was für Tannen waren das! Tannen gibt es in Rußland, soviel das Herz sich wünscht. Nicht so wie hier sind sie – das sind ja nur Pfähle. Unsere Tanne … wenn sie sich erwärmt, wenn sie ihre Tatzen geradestreckt – einem Hain gleicht sie dann. Der Theaterplatz verwandelte sich in einen Wald. Da standen die Tannen im Schnee. Und wenn es gar schneite – da konnte man den Weg verlieren. Die Bauern standen in ihren Schafpelzen da, ganz wie im Walde. Die Leute gehen auf und ab, suchen sich Bäume aus. Und die Hunde sehen zwischen den Tannen wie Wölfe aus, wirklich. Holzstöße brennen, damit man sich erwärmen kann. Der Rauch steigt säulenförmig in die Höhe. Sbitenverkäufer gehen umher, rufen den Leuten zwischen den Tannen zu: »He, süßer Sbiten! heiße Kringel …« Der Sbiten befindet sich in den Samorwars. Was Sbiten ist? Ein heißes Getränk, schmeckt besser als Tee, wird aus Honig und Ingwer bereitet, ist wohlriechend und süß. Ein Glas kostet eine Kopeke. Wenn man so im Walde im Schnee aus einem dicken geschliffenen Glas – man verbrennt sich die Finger daran – Sbiten trinkt und einen gefrorenen Kringel dazu ißt … fein ist's! Man schlürft ein wenig, und der Dampf steigt auf wie aus einer Lokomotive. Das Kringelchen ist wie ein Eisklumpen. Nun, man tunkt es ein, da wird es weich. Bis in die Nacht hinein ergeht man sich zwischen den Tannen. Und der Frost nimmt immer zu. Der Himmel ist wie in Rauch gehüllt, lilafarben, flammend. Reif liegt über den Tannen. Wenn man zufällig auf eine erfrorene Krähe tritt, knirscht es wie Glas. Ein kaltes Rußland ist es, aber … wie warm ist es in ihm…!

Am Heiligen Abend aßen wir erst, wenn die Sterne am Himmel erglühten. Kutja wurde gekocht, ein Gericht aus Weizen und Honig und ein Getränk aus gedörrten Pflaumen, Birnen, Pfirsichen … Man stellte es unter die Heiligenbilder, auf Heu. Warum auf Heu …? Nun, gleichsam Christo zum Geschenk. Nun … als liege Er im Heu, in der Krippe. In Erwartung der Sterne pflegte ich alle Scheiben rein zu reiben. Die Scheiben sind mit Eisblumen bedeckt, vom Frost. Ist das eine Schönheit, Brüderchen …! Kleine Tannen siehst du, allerlei feinste Muster wie Spitzengewebe. Ich kratze ein wenig mit dem Fingernagel – ist noch kein Stern am Himmel? Doch, da sehe ich den ersten, und dort – einen zweiten … Die Scheiben scheinen nun blau. Der Ofen kracht, Schatten huschen durchs Zimmer. Und immer mehr Sterne erglühen … Ich öffne das Klappfenster – da versengt die Kälte mich geradezu. Am schwarzen Himmel bebt und glitzert es und gleißt vor Licht. Die Sterne zittern und flimmern und blenden. Die Luft ist frostig, dadurch scheinen die Sterne größer, sie leuchten in verschiedenen Feuern – himmelblau und dunkelblau und grün – und senden ihre Pfeile aus. Und ein Läuten vernimmst du. Und dich dünkt, als komme dieses Läuten von den Sternen! Frostig, laut widerhallend, silbern klingt es. Solch Läuten hörst du nirgends sonst, nein. Die Glocken des Kremls tönen gemessen, dumpf – ein uraltes Geläute ist's, diese Glocken aber – wie schweres

Silber, wie klingender Samt. Und alles beginnt zu singen, aus tausend Kirchen tönt es. Solch Läuten hörst du nirgends sonst, nein. Nicht wie zu Ostern ist's, die Glocken läuten nicht abwechselnd, sondern ihr Klang breitet sich über alles aus, deckt alles mit Silber zu, wie ein Gesang, ohne Anfang, ohne Ende wogt er. ☆

***Kutja***

250 g Weizenschrot
Wasser
Salz
100 g Zucker
50 g Honig

*Den Weizenschrot in eine Kasserolle schütten, mit kochendem Wasser begießen, etwas stehen lassen und dann das Wasser abgießen. Den Weizenschrot mit frischem kaltem Wasser bedecken, zudecken und über Nacht eingeweicht stehen lassen. Am nächsten Tag auf schwacher Hitze aufkochen lassen, salzen und so lange leise kochen lassen, bis die Weizenkörner weich sind. Dann mit Zucker und Honig süßen und nach Belieben etwas Milch dazugeben.*

*Der gekochte und gesüßte Weizenschrot kann auch mit folgenden Zutaten vermengt werden: mit 75 g gemahlenem Mohn oder mit grob gehackten Walnüssen oder Rosinen.*

***Safrankringel***

40 g Hefe
400 g Mehl
4 Eidotter
150 g Butter
100 g Zucker
1 Prise Salz
60 g gemahlene Mandeln
50 g Rosinen
50 g Zitronat
1 g Safran
gut ⅛ l Sahne

*Aus den angegebenen Zutaten mit dem in etwas Wasser aufgelösten Safran einen Hefeteig (s. S. 69) arbeiten. Diesen zu einer langen Wurst rollen, in Scheiben schneiden, jede Scheibe zu einer Schlange rollen. Diese Schlangen zu Kringeln drehen, auf ein gefettetes Backblech nicht zu dicht nebeneinander setzen und noch etwas gehen lassen. Dann mit verquirltem Ei bestreichen und nach Belieben mit Hagelzucker oder mit blättrig geschnittenen Mandeln bestreuen. In den auf 180°C vorgeheizten Ofen schieben, mittlere Schiene, und etwa 30 Minuten backen.*

***Sbiten***

¼ l Wasser
3 EL Zucker
3 EL Honig
2 Lorbeerblätter
1 EL Nelken
1 EL Zimt
1 EL Ingwer

*Das Wasser wird mit allen anderen Zutaten aufgekocht, abgeschäumt und 30 Minuten ziehen gelassen. Dann gießt man das Getränk durch ein Sieb und trinkt es warm.*

Schlaf, mein Kindlein, schlaf ein Schläfchen,
bajuschki baju.
Silbermond und Wolkenschäfchen sehn von oben zu.

Schlaf, mein Kind, du sollst einst werden
wohl ein großer Held,
der ein Retter unsrer Erden und das Heil der Welt.

ІНСХС
С ПЕТРЪ
АЛЕКСИ
ДНЕСЬСВЕТЛОКРАСУЕТСА СЛАВНЕНШИГРАДЪ МОСКВА АКО ЗАРЮ
ВОСПРИЕМШИВ ... ЧЮДОТВОРНУЮ ТВОЮ ИКОН ... КНЕИ ЖЕ
ПРИТЕКАЮЩЕ ... МОЛАЩЕСА ТЕБЕ ВЗЫВАЕМ ... СИЦЕ О ПРЕЧУДНАА
МОЛИ СА ИЗ ТЕБЕ ВОПЛОЩЕННОМУ ХРІСТУ БОГУ НАШЕМУ ДА
ИЗБАВИТЪ ГРАДЪ СЕНІ ... ИСТРАНЫ ХРИСТИАНСКИА НЕВРЕДИМЫ
ОТ ВСЕХЪ НАВЕТЪ ВРАЖИИХ ... СПАСЕТЪ ДУШ ... НАША АКО МИЛОСЕРДЪ

# Verzeichnis der Rezepte

*Stefan Andres* aus: Moselweihnacht. In: Westermanns Weihnachtsbuch. Braunschweig: Westermann Verlag 1949 © Dorothee Andres, Rom *Seite 67f.*

*Elise Averdieck* aus: Karl und Marie. Hamburg 1880 *Seite 76*

*Wolfgang Borchert* aus: Hinter den Fenstern ist Weihnachten. In: Das Gesamtwerk © 1949 by Rowohlt Verlag, Hamburg *Seite 54f.*

*Antoon Coolen* aus: Weihnachten auf dem Mellegenberge, In: Westermanns Weihnachtsbuch, a. a. O. *Seite 80ff.*

*Lord Dunsany* aus: Das doppelte Weihnachtsessen. Übers. v. Susanne Rademacher © Estate of Lord Dunsany, Curtis Brown/ Agence Hoffman *Seite 93ff.*

*Otto Ernst* aus: Asmus Sempers Jugendland. Leipzig 1912 *Seite 78f.*

*Heinrich Federer* aus: Südliche Weihnacht. Zürich: Arche Verlag 1978 *Seite 100f.*

*Grace Fletcher* aus: Weihnachten 1982 in Texas. In: Weihnacht in Übersee. Weihnachtserzählungen aus Nordamerika und Kanada. Hg. u. übers. v. Elisabeth Schnack. Zürich: Arche Verlag 1979 *Seite 115f.*

*Theodor Fontane* aus: Meine Kinderjahre. In: Autobiographische Schriften. Bd. 1. Berlin: Aufbau Verlag 1982 *Seite 44*

*Johann Wolfgang Goethe* aus: Dichtung und Wahrheit. In: Werke. Bd. 1. Frankfurt 1965 *Seite 13ff.*

*Nancy Hale* aus: Richtige, echte Weihnachtsbäume. In: Weihnacht in Übersee, a. a. O. *Seite 112f.*

*Marie Luise Kaschnitz* aus: Orte © Insel Verlag, Frankfurt am Main 1973, S. 613 f. *Seite 87f.*

*Erich Kästner* aus: Als ich ein kleiner Junge war. In: Werke. Romane für Kinder 1 © Atrium Verlag, Zürich 1957 *Seite 61ff.*

*Walter Kempowski* aus: Aus großer Zeit © 1978 Albrecht Knaus Verlag, München, in der Verlagsgruppe Bertelsmann GmbH *Seite 50f.*

*Astrid Lindgren* aus: Immer dieser Michel. Übers. v. Karl Kurt Peters © Verlag Friedrich Oetinger, Hamburg 1972 *Seite 119ff.*

*Erich Lüth* aus: Weihnachten im Pöseldorfer Krämerladen. In: Hamburger Weihnachtsbuch. Hg. v. Eckart Klessmann. Hamburg: Ernst Kabel Verlag 1982 *Seite 47f.*

*Golo Mann* aus: Erinnerungen und Gedanken © S. Fischer Verlag GmbH, Frankfurt am Main, 1986 *Seite 36f.*

*Thomas Mann* aus: Buddenbrooks © S. Fischer Verlag, Berlin 1901 *Seite 25ff.*

*Frédéric Mistral* aus: Provenzalische Weihnacht. Übers. v. Ursula von Wiese. In: Französische Weihnacht. Zürich: Arche Verlag 1974. Neuaufl. 1986 *Seite 103ff.*

*Wladyslaw Stanislaw Reymont* aus: Beim ersten Stern der Nacht. In: Polnische Weihnacht. Hg. u. übers. v. Karin Wolff. Zürich: Arche Verlag 1977. Neuaufl. 1988. Mit freundlicher Genehmigung der Evangelischen Verlagsanstalt, Berlin *Seite 127f.*

*Ivan Schmeljow* aus: Weihnachten. Übers. v. R. Candreia. In: Russische Weihnacht. Zürich: Arche Verlag 1965. Neuaufl. 1986 *Seite 132ff.*

*Theodor Storm* aus: Unter dem Tannenbaum. In: Altvertraute Weihnachtszeit. Zürich: Arche Verlag 1966. Neuaufl. 1986 *Seite 41ff.*

*Biographische Notiz*

*Sybil Gräfin Schönfeldt*, in Nassau a. d. L, Göttingen und Berlin aufgewachsen. Studium der Germanistik und Kunstgeschichte in Göttingen, Heidelberg, Hamburg und Wien, Promotion in Wien. Journalistin, Übersetzerin, Kinderbuch- und Kochbuchautorin. Lebt in Hamburg. Freie Mitarbeiterin bei der ZEIT, beim Stern u. a. Zeitschriften sowie beim Rundfunk und Fernsehen. Zahlreiche Buchveröffentlichungen und Auszeichnungen. Bei Arche erschienen die literarischen Kochbücher *Bei Thomas Mann zu Tisch. Tafelfreuden im Lübecker Buddenbrookhaus* (1995) und *Bei Fontane zu Tisch. Wanderungen durch des Dichters Eßlandschaften* (1997), beide ausgezeichnet mit der Silbermedaille im Literarischen Wettbewerb der Gastronomischen Akademie Deutschlands.

# Musik zu den literarischen Weihnachtsdiners

1 Johann Sebastian Bach
Sinfonia aus dem *Weihnachts-oratorium* BWV 248 (II. Teil) 6:38
Dresdner Philharmonie · Leitung: Martin Flämig
Aus: Johann Sebastian Bach, Weihnachtsoratorium BWV 248
© 1996 »edel« Gesellschaft für Produktmarketing mbH (20652BC)

2 Camille Saint-Saëns
Prélude aus dem *Weihnachts-oratorium* (*Oratorio de Noël*) op. 12 3:42
Dresdner Philharmonie · Leitung: Martin Flämig
Aus: Saint-Saëns, Weihnachtsoratorium
℗ 1987 Capriccio/Delta Music GmbH

3 Johann Sebastian Bach
1. Chor »Jauchzet, frohlocket!« 8:00
*(Choraltext s. Seite 21)*
aus dem *Weihnachtsoratorium* BWV 248 (I. Teil)
Dresdner Kreuzchor · Dresdner Philharmonie · Leitung: Martin Flämig
Aus: Johann Sebastian Bach, Weihnachtsoratorium BWV 248
© 1996 »edel« Gesellschaft für Produktmarketing mbH (20652BC)

4 Michael Praetorius
*Es ist ein Ros entsprungen* 3:13
*(Liedtext s. Seite 34 f.)*
Thomanerchor Leipzig · Leitung: Erhard Mauersberger
Aus: Jauchzet, frohlocket. Praetorius, Scheidt, Bach, Händel
Meliodor (2548 051)

5 Michael Praetorius
*In dulci jubilo (Liedtext s. Seite 35)* 6:58
Knabenchor des Gymnasiums Eppendorf · Leitung: Adolf Detel
Aus: Jauchzet, frohlocket. Praetorius, Scheidt, Bach, Händel
Meliodor (2548 051)

6 Peter Cornelius
*Christbaum (Liedtext s. Seite 40)* 1:53
Christiane Hiemsch (Sopran) · Adam Zaleski (Orgel)
Aus: Nun singet und seid froh. Musik zur Weihnacht mit dem Solisten-Ensemble der Jungen Oper Lübeck

[7] Peter I. Tschaikowsky
Ouverture 3:08
aus dem Ballett *Der Nußknacker*
Rundfunk-Sinfonie-Orchester Berlin · Leitung: Heinz Rögner
Aus: Peter Tchaikovsky, The Nutcracker
© 1993 edel company (»edel« Gesellschaft für Produktmarketing mbH) (0025–2)

[8] *O du fröhliche (Liedtext s. Seite 72)* 2:34
(Sizilianische Volksweise)
Peter Schreier (Tenor) · Thomanerchor Leipzig · Leitung: Hans-Joachim Rotzsch
Aus: Stille Nacht, heilige Nacht. Ein klassisches Weihnachtskonzert
© 1996 »edel« Gesellschaft für Produktmarketing mbH (21922BC)

[9] *Stille Nacht (Liedtext s. Seite 73)* 3:34
Satz: Jochen Großmann
Aus: Nun singet und seid froh. Musik zur Weihnacht mit dem Solisten-Ensemble der Jungen Oper Lübeck

[10] Caspar Othmayr/Michael Praetorius/Johannes Eccard
*Vom Himmel hoch, da komm ich her (Liedtext s. Seite 73f.)* 2:13
Margot Guilleaume (Sopran) · Städtischer Chor Hamburg · Instrumental-Ensemble der Archiv Produktion · Leitung: Adolf Detel
Aus: Jauchzet, frohlocket. Praetorius, Scheidt, Bach, Händel
Meliodor (2548051)

[11] *Still, weils Kindlein schlafen will (Liedtext s. Seite 74)* 2:19
(Volksweise aus dem Salzkammergut)
Solisten-Ensemble der Jungen Oper Lübeck · Ensemble-Leitung: Günter Binge
Aus: Nun singet und seid froh. Musik zur Weihnacht mit dem Solisten-Ensemble der Jungen Oper Lübeck

[12] Robert Schumann
Am Kamin 1:11
aus *Kinderszenen* op. 15
Norman Shetler (Klavier)
Aus: Robert Schumann, Kinderszenen, Blumenstück, Drei Romanzen, Arabeske
© 1998 »edel« records GmbH (93282BC)

×❋×❋×❋×❋×

[13] *Fulgent nunc natalitia* (Einleitung) 1:30
Pražští madrigalisté · Leitung: Miroslav Venhoda
Aus: Koledy Stare Evropy
℗ 1969 Supraphon (O 120817 G)

[14] *What child is this (Liedtext s. Seite 98)* 2:10
(Englische Volksweise)
Solisten-Ensemble der Jungen Oper Lübeck · Ensemble-Leitung: Günter Binge
Aus: Nun singet und seid froh. Musik zur Weihnacht mit dem Solisten-Ensemble der Jungen Oper Lübeck

15 Giuseppe Torelli
Grave-Vivace (1. Satz) 3:08
aus *Concerto g-moll* op. 8 Nr. 6
»in forma di pastorale per il
Santissimo Natale»
Virtuosi Saxoniae
Aus: Weihnachtskonzerte
© 1993 BERLIN Classics a division of »edel« Gesellschaft für Produktmarketing mbH (BC 1059–2)

16 *Les anges dans nos campagnes* 2:13
*(Liedtext s. Seite 110)*
(Französisches Weihnachtslied aus dem 16. Jahrhundert)
Ann-Christin Förste, Frauke D. Mahlerwein (Sopran) · Adam Zaleski (Orgel)
Aus: Nun singet und seid froh.
Musik zur Weihnacht
mit dem Solisten-Ensemble der Jungen Oper Lübeck

17 Martin/Blane
*Have Yourself*
*a Merry Little Christmas* 2:58
*(Liedtext s. Seite 111)*
Ella Fitzgerald (Gesang) ·
Orchesterleitung: Frank DeVol
Aus: Ella Wishes You a Swinging Christmas
Verve Records (MG V 4042)

18 *Nu är det jul igen* 1:19
(Schwedisches Weihnachtslied)
Miloslav Rabas (Baß) · Noví pěvci madrigalů a komorní hudby ·
Leitung: Miroslav Venhoda
Aus: Koledy Evropských Národů
Supraphon (SV 8107 G)

19 *Jezus malusieńki* 1:44
(Polnisches Weihnachtslied)
Hana Legerová (Sopran) · Noví pěvci madrigalů a komorní hudby ·
Leitung: Miroslav Venhoda
Aus: Koledy Evropských Národů
Supraphon (SV 8107 G)

20 *Schlaf, mein Kindlein* 1:25
*(Liedtext s. Seite 136)*
(Text und Weise aus Rußland)
Judith Kamphues (Sopran) ·
Adam Zaleski (Orgel)
Aus: Nun singet und seid froh.
Musik zur Weihnacht
mit dem Solisten-Ensemble der Jungen Oper Lübeck